한국대표서정시선8
2018

한국대표서정시선8 2018

초판 1쇄 인쇄일 | 2017년 12월 19일
초판 1쇄 발행일 | 2017년 12월 26일

저　자 | 문정희 외 40인 공저
펴 낸 이 | 차영미

편　집 | 디자인그룹 여우비
펴 낸 곳 | 도서출판 서정문학

주　소 | 서울시 성안로31다길 8, 101호
전　화 | 02-720-3266　F A X | 02-6442-7202
홈페이지 | http://cafe.daum.net/seojungmunhak.com
이 메 일 | sjmh11@hanmail.net
등　록 | 2008. 3. 10 제324-2014-000060호

ISBN 978-89-94807-63-8 04810
978-89-94807-06-5(셋트)
정가 12,000원

국립중앙도서관 출판예정도서목록(CIP)

한국대표서정시선. 8 / 저자: 문정희 외 40인 공저. — 서울
: 서정문학, 2017
p. ;　cm. — (한국대표서정시선 ; 43)

ISBN 978-89-94807-63-8 04810 : ₩12000
ISBN 978-89-94807-06-5 (세트) 04810

한국 현대시[韓國現代詩]

811.7-KDC6
895.715-DDC23　CIP2017033734

서정문학대표시선 ● 43

한국대표서정시선 8

2018

| 발간사 |

가녀린 웃음들이 모인 축제

이훈식(시인 · 서정문학 발행인)

한 해가 저무는 시기에 한국대표서정시선 8호를 출간하게 됨을 서정문학 회원들과 먼저 그 기쁨을 나눕니다. 작가는 작품을 통해서 세상과 소통하고 작품을 통해서 새로운 가치와 자아의 지적성장을 하게 되는 창조적 행위야말로 문학이 주는 가장 큰 선물입니다. 글을 쓴다는 것은 배설의 의미요, 정화catharsis의 과정이기도 합니다. 한 해 동안 쓰고 지우고 했을 작품을 민낯으로 세상에 내놓는 것은 곧 자기 작품에 새 생명을 불어넣는 일과 같습니다. 시집이 잘 팔리지 않는 시대에 우리가 살고는 있지만 창조의 열정을 가지고 갈고 닦은 작품을 한데 모아 시선집으로 엮는다는 것은 너와 나의 관계가 아니라 우리가 서로 하나 되는 정겨움이요 서정회원이 모두 한 가족이라는 연대감을 높이는 길이기도 합니다. 저마다 다른 얼굴처럼 저마다 개성있는 맛깔스런 작품으로 묶여질 시선집이 우리 문단의 작은 울림으로 작은 빛으로 나타났으면 더 바랄 것이 없겠습니다. 우리가 살아오면서 경험한 것들은 글을 쓰는 원

동력이 되고 글의 소재가 됨으로서 경험은 곧 작가의 보고寶庫라는 말이 있는 것처럼 뒤돌아보면 아픔도 주었고 상처도 받았으며 실패와 절망 속에 헤맬 때도 있었지만 무너지고 넘어진 사람만이 다시 일어설 수 있다는 사실처럼 이 시선집을 읽는 독자들에게 진정한 위로가 되고 공감을 얻을 수 있다면 이번 한국대표서정시선집 8호에 동참한 우리 작가들에게 또 한 번 발돋움하는 시간이 될 수 있으리라 기대합니다. 이제 새해가 밝아옵니다. 우리 문우 여러분 가화만사성하고 앞으로도 더욱 활발한 작품활동을 통하여 새로운 지평을 여는 발걸음 되기를 기원해 봅니다.

특히 귀한 옥고로 함께 참여해 주신 문효치, 문정희, 공광규, 문태준 시인에게 감사드립니다.

- 2017년 12월 서정의 뜰에서

CONTENTS

한국대표초대시선

공광규
문정희
문태준
문효치
이훈식

공광규

- 1986년 월간《동서문학》 등단
- 시집: 『파주에게』 『담장을 허물다』 『말똥 한 덩이』 『소주병』 등
- 산문집: 『맑은 슬픔』 등
- 윤동주상문학대상, 신석정문학상 수상

꽃잎 한 장 외 2편

꽃잎 한 장 수면에 떨어져
작은 파문이 일고 있다

파문이 물별을 만들고 있다

꽃잎이 없다면
파문이 없다면

아름다운 물별을 볼 수 없을 것이다

꽃잎 한 장 받는 것은
가슴에 파문이 이는 일

몸에 물별이 뜨는 일

나쁜 짓들의 목록

길을 가다 개미를 밟은 일
나비가 되려고 나무를 향해 기어가던 애벌레를 밟아 몸을 터지게 한 일
풀잎을 꺾은 일
꽃을 딴 일
돌멩이를 함부로 옮긴 일
도랑을 막아 물길을 틀어버린 일
나뭇가지가 악수를 청하는 것인 줄도 모르고 피해서 다닌 일
날아가는 새의 깃털을 세지 못한 일
그늘을 공짜로 사용한 일
곤충들의 행동을 무시한 일
풀잎 문장을 읽지 못한 일
꽃의 마음을 모른 일
돌과 같이 뒹굴며 놀지 못한 일
나뭇가지에 앉은 눈이 겨울꽃인 줄도 모르고 함부로 털어버린 일
물의 속도와 새의 방향과 그늘의 평수를 계산하지 못한 일
그중에 가장 나쁜 짓은
저들의 이름을 시에 함부로 도용한 일
사람의 일에 사용한 일

유월 독서

파주 전방으로 군대 간 아들 면회하러 가
위병소 옆 산벚나무와 졸참나무가 어우러져 만든 그늘 아래
돗자리 펴고 삼겹살을 구웠다
육군 상병 입에 상추쌈 꾹꾹 밀어 넣어주는 아내는
육군 상병 얼굴만 연애하듯 쳐다보는데
삼겹살을 받아먹는 육군 상병은 스마트폰에 빠져 있다
저 모자간 사랑을 무심한 척
집에서 읽다만 책을 펴자 나보다 새들이 먼저 읽는다
찌르레기는 귀룽나무에서 핵심을 찌르면서 읽고
붉은머리오목눈이는 싸리나무에서 붉은 줄을 그으며 읽는다
비둘기는 꾸욱꾸욱 손가락으로 짚어가면서 읽고
꾀꼬리는 상수리나무에서 좋은 구절을 낭송한다
까마귀는 문자에 까막눈이어선지 조용하다
나뭇잎에서 헛발을 디뎌 낙하한 개미 한 마리가
책장에 툭! 몸을 느낌표로 던지더니 행간을 건너다닌다
개개비가 검은 버찌를 씹다가 떨어뜨려
두어 글자 먹물로 지우고 물억새 숲으로 가서 숨는다
나뭇잎에서 떨어진 벌레 똥이 문장에 마침표를 찍자
바위에 앉아 있는 나비가 펄럭이던 날개를 접는다
나도 책장을 가만 덮는다

문정희

· 1969년 등단
· 시집: 『나는 문이다』『카르마의 바다』
『응』 등 다수
· 시선집: 『지금 장미를 따라』 등 다수
· 영역시집: 『Wind Flower』 외에 여러
언어로 번역됨
· 현대문학상, 소월시문학상,
육사시문학상, 목월문학상
스웨덴 시카다상 등 수상
· 현재 동국대 석좌교수

젖은 옷들의 축제 외 2편

하나의 줄에 목을 매달고
젖은 옷들이 목청 좋은 뻐꾹새처럼 펄럭인다
굴욕으로 휘인 등어리
현기증 나는 욕망으로 구겨진 팔이
다시 빛으로 일어서고 있다

누가 저리도 환한 기적을 생각해 냈을까
고달픈 허물을 물에 헹구어
허공에다 잠시 이 악물듯 물려 놓으면
타악기로 가벼이 두드리듯
상처들이 사라지는
햇살과 바람과 공모하는 경쾌한 안무按舞

사람의 허물도 시원하게 벗어
한 번씩 빨아 입을 수는 없을까

고대로부터 내려 온 긴 줄에 목을 매달고
태양 아래 두 팔 벌린 벌거벗은 시간의 축제!
못생기고 보잘 것 없는
무명無明인
이 사람 손이 만든 것인가

나는 거미줄을 쓰네

산다는 것은
거미줄을 타고 허공을 오르는 것
곡예를 하듯 오르고 또 올라가 보면
아무 것도 없지
허공뿐이지

시를 묻는 젊은이에게
이렇게 답장을 써서 보내고
돌아서서 또 시를 쓰네

산다는 것은
시를 쓰는 것은
거미줄을 타고 허공을 오르는 것이라고

거미줄에
이슬 몇 알이
내가 가진 전부
하지만 그 거미줄과 이슬이
어느 거대한 건축보다 부동산보다
더 아름답게 보이는
저주받은 비극의 눈을 나는 가졌네

나는 그 축복을 쓰네
나는 거미줄을 쓰네
나는 사네

모래언덕이라는 이름의 모텔

듄*이라는 이름의 모텔에 든 적이 있다
문 없는 사구砂丘
모래언덕에 파묻혔다

밤새 한 눈으로 모래의 고통을 세고
또 한 눈으로 모래의 굴욕을 드려다 보았다
모래 침대에서 모래의 슬픔을 씹었다

끝까지 따라온 고압선 거미줄이
나를 뜨겁게 묶었지만
어느 도시였던가
모래언덕이라는 이름의 모텔에서
솨아솨아 하룻밤을
한 생애처럼
모래알을 읽었다

모래로 지은 집에서
모래에 파묻혀 모래가 되었다

* Dune

문 태 준

· 1994년 『문예중앙』 신인문학상에
  시 「처서(處暑)」 외 9편이 당선 등단
· 시집: 『수런거리는 뒤란』, 『맨발』,
  『가재미』, 『그늘의 발달』, 『먼 곳』,
  『우리들의 마지막 얼굴』 등
· 수상: 유심작품상, 노작문학상, 미당문학상,
  소월시문학상, 서정시학작품상, 애지문학상
  등

단순한 구조 외 2편

달이 연못을 밟는다
맑고 깨끗하고 조용한 은막銀幕 위를

달빛이, 야생의 흰 코끼리가 연못을밟는다
온순하고 낙천적인 투명 유리를 깨트리면서

1942열차

광양에서 하동 지나 삼랑진 지나 물금 지나 부전 가네 세 량의 객차를 달고 가네 북천 사람은 함안 사람을 부르네 함안 사람은 마산 사람을 부르네 나발과 꽹과리를 불고 치듯 시끌시끌하게 덜커덩거리며 가네 젖먹이 아이와 젊은 연인과 축하객이 함께 가네 침침하고 눈매가 가느스름한 김천 출신의 나도 끼여 가네 시냇물에 고무신 미끄러지며 떠내려가듯 가네 소나기구름 실어 나르는 바람의 널빤지 가듯 가네 연한 버들과 높은 미루나무와 먼 무지개를 싣고 가네 들판 수로의 깨끗한 물과 무논에 비추어 보며 가네 무논에 비친 푸른 봄산은 일하는 소가 등에 태우고 가네 신록新綠이 가네 보자기를 풀어놓을 시간만큼 조금 조금씩 역마다 연착하면서

저녁이 올 때

내가 들어서는 여기는
옛 석굴의 내부 같아요

나는 희미해져요
나는 사라져요

나는 풀벌레 무리 속에
나는 모래알, 잎새
나는 이제 구름, 애가哀歌, 빗방울

산 그림자가 물가의 물처럼 움직여요

나무의 한 가지 한 가지에 새들이 앉아 있어요
새들은 나뭇가지를 서로 바꿔가며 날아 앉아요

새들이 날아가도록 허공은 왼쪽을 크게 비워 놓았어요

모두가
흐르는 물의 일부가 된 것처럼
서쪽 하늘로 가는 돛배처럼

문 효 치

· 1966년 서울신문 및 한국일보 신춘문예 당선
· 시집: 『무령왕의 나무새』 『왕인의 수염』 『별박이자나방』 『모데미풀』 『나도바람꽃』 등 13권
· 동국문학상, PEN문학상, 김삿갓문학상, 정지용문학상, 한국시협상 등 수상, 옥관문화훈장 수훈
· 국제펜클럽한국본부 이사장, 주성대 겸임교수 역임
· 현)계간 『미네르바』 대표 한국문인협회 이사장

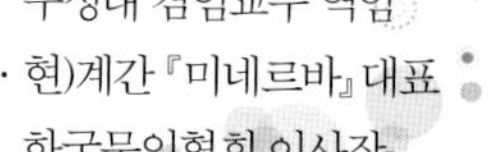

나도 바람꽃 외 2편

바람이 시작된 곳
바다 끝
작은 섬

물결에나
실려 올까
그 얼굴 그 입술이

한 생애
불어오는 건
바람 아닌 그리움

옷

오리털 외투를 입었다
옷의 안쪽에서
꿱꿱꿱
오리 우는 소리가 났다

털 뽑힌 오리들은
구만리 장천, 그 너머 황천
이 눈보라 속에서 어디쯤 가고 있을까

우리들의 살 속에 황천이 있다
털을 남긴 오리들이 모여 있다

가끔 배가 아플 땐
입으로 넘긴 정로환을 쪼으며
꿱꿱꿱……

연서戀書

편지를
어떻게 말로 쓸 수 있으리오

잘 익은 노을처럼
종이 가득 진한 물이 드는 걸

다시 붓을 들어 글씨를 쓰려 하면
어지러운 아지랑이가 눈을 가리고,

그래도 한마디 꼭 적으려 하면
어느새 종이는 불타고 있으니

그대여
사랑을 어찌 말로 할 수 있으리오

다만
벙어리가 되어 서성이고만 있을 뿐

이 훈 식

· 계간 창조문학등단(1994년)
· 서정문학 발행인
· 용인문학회 고문
· 강남문학상, 창조문학대상 수상
· 자연과 꿈상 수상
· 시집 : 『등불 하나 가슴에 달고』
『은밀한 속삭임』 『그리움의 심지』
『눈금없는 잣대』 『햇살 등 뒤로 숨은 웃음』

겨울비 외 2편

조문객 하나 없는
쓸쓸한 죽음처럼
모두들 떠나는 계절 앞에
알맹이는 다 빼먹고
껍질만 남은 빈 슬픔만이
허기진 낱말로 씻김굿을 한다
숨죽인 본능 사이에 끼워 둔
색깔 고왔던 기억들이
실어증으로 흘러 내리는 시간
한번도
삶의 주연이 되지 못했던 울음이
핏빛 가시가 되어
맨살을 뚫고 나오면
일상의 탈출을 꿈꾸던 하루가
퍼렇게 멍이든 채
생가슴을 앓는다

눈 내리던 날

당신이 펼쳐 보이는 세상이 너무 넓어
여린 가슴에 다 담을 수 없습니다.
권태로 오염된 일상들을
제 허물인양 싸매주듯
한사코 하얗게 덮어버리는 시간
사랑하지 않고는 미칠 것 같은
뿌리를 알 수 없는 슬픔이
지상과 천상의 경계를 허물고 있습니다.
허리 꺾인 시어를 가지고는
남은 생애를 버티어 낼 자신은 없지만
나를 다 주고도 모자랄 것 같은 당신이
꿈속에서 또 꿈을 꾸듯
부서져 내리는 달빛을 타고
이렇게 내게로 내려 올 때면
당신은 이 세상에서 제일 예쁜 사람입니다
간지러운 곡선의 춤사위로
저만치 달려가다가
내 안으로 한 없이 쓰러져 쌓이는 그리움
영혼의 갈피갈피마다
하얀 웃음꽃으로 핍니다.

그게 전부였습니다

낮은 곳으로
낮은 곳으로만 흘러 온 삶이었습니다
앞서 가는 흐름이 막히면
제 자리에서 맴돌아야만 하는
사고의 깊이를 재어 보았고
어차피 돌아가야 한다면
제 아무리 멀고 험해도
흐르고 있다는 사실만으로도
감사했습니다
변개 시킬 수 없는 길목에서 부딪치는
나와 다른 체온의 이질감속에서도
동행이라는 물살을 거스리지 아니했습니다
누구나 필요하다면 머물러 주기를
마다 하지 않았고
원하면 흠뻑 젖셔 주고자 했습니다
그게 전부였습니다
은모래 밭에서 맞춤법을 익히며
꽃 이름 지어주던 물새들의 노래
헹굴 수 없는 버려진 양심의 오수로
육신이 문드려져 거품으로 남은

물고기들의 이야기를
나는 듣지 못했습니다
뿌리 박고 산다는 이유만으로
뒤집어 쓴 폐수에 제 이름마저 잃어버린
실성한 수초들의 남은 이야기를
정말 나는 알지 못했습니다
그저 천형처럼
낮은 곳으로
낮은 곳으로 흘러 갔을뿐입니다
그게 전부였습니다

한국대표서정시선

강성우
김관식
김동석
김재항
김정미
김정배
김현희
김호천
박동환
박상배
박성순
박진태
박채선
박태건
배막희
서승원
(수필)소재수
안영호
오정임
옥혜민
윤송석
이춘식
이희덕
임애경
장규환
전기웅
제성행
조주행
차영미
천성옥
최경환
최규리
최주식
한희정
현경희
황려시

강 성 우

- 중앙대 대학원 음악학과 졸업
- 현)바이올린 전문강사
- 현)한국음악평론가협회 이사
- 제7회 전국자유문학창작공모대회 일반부 은상(2012)
- 대한문학세계 시부문 등단(2013)
- 서정문학 운영위원
- muwi55@naver.com

성에꽃 외 2편

아름다운 황혼을 꿈꾸며
함께 지낸 세월이
너무 서러워
슬픔조차도 사치랍니다.

가슴에 새긴
곱디 고운 밀어들이
삶의 뒤안길로
멀어져 간 지금

서로 마주보며
속삭이던 무늬 진 언약들이
화석으로 굳어져 갑니다.

함께 등 기댔던
시간을 뒤로 한 채
추억마저 멈춰 버린
시린 가슴, 슬픈 사랑
한 낮에도 성에꽃만
무성히 피어납니다.

고추잠자리

허공에다
그리움의 크기만큼
동그라미를 수없이
그려대는 개구쟁이

갈 하늘에
못다 한 사랑 이야기로
맴을 돌다
지난 세월의 그 모든 것을
다 잊은 듯

한 점 가을로
깊어만 가는
고추잠자리 춤사위 흥에
더욱 붉어져가는
코스모스 얼굴들

가을 스케치

너를 따라가고 싶어
어서 오라오라 날 유혹하는
불타는 산야

너를 느끼고 싶어
맑은 햇살에
붉게 물든 투명한 핏줄

너를 안고 싶어
농익은 열정으로
무늬진 그리움

사전에도 없는 낱말로
가슴 뜨겁게 달구는
갈바람의 몸짓

김 관 식

- 1976년 전남일보 신춘문예 문학평론 등단
- 동시집 『토끼 발자국』 외 12권.
- 시집 『가루의 힘』 (2014) 외5권 문학평론집 『아동문학과 문학적 상상력』 외2권, 시창작론 『아동문학의 이해와 동시창작법』 명상칼럼집 『한 자루의 촛불』
- 계간 『백제문학』 『가온문학』 『미래시학』 신인심사위원, 계간 『시와 늪』 주필 겸 신인심사위원

- rlarhkstlr419@hanmail.net

녹두 외 2편

따가운 햇살 때문에
펼친 황색 꽃 양산

낡아 삭아
앙상한 뼈만 남은
까아만 열매껍데기

그 속에서
작은 꿈들이 가득
여물다가
토라져
입을 삐죽거리며
톡톡톡
튀어 오르는
녹색 투정들
아부바

데굴데굴
굴러가며
생글생글 웃는
아기 녹두 눈망울들

생강

겹으로
무질서를 포개지면서
문드러진 발가락
천형의 가슴앓이
보리피리 불며
소록도 간 한하운 시인

나로도 우주기지로 가
유인 우주선을 타는 꿈을 꾸며
어느 별나라에 살고 있을 동족을 향해
시퍼런 댓잎 같은 안테나를 세우고
통신을 시도한다.

진물이 흐르는 피고름
딱지 덕지덕지
무수히 돋아난 돌기

피로 이어온
매서운 성깔
손가락 발가락이
다 문드러질 때까지

남쪽바다를 건너오는
따뜻한 봄맞이
새살이 돋는다.

매서운 겨울
눈 부릅뜨고
살아나는 보리들이
까슬까슬한 까락들로 날을 세우고
하늘을 칫솔질한다.

단풍낙엽

몸속에
붉은 피가 철철 넘칠 때
가픈 숨결은 초록물결이었지.

바늘 끝으로 따끔하게
찌르고 가는 햇살도
뚝뚝뚝
어깨를 치고 가는
소낙비도
뒤흔들고 지나가는
바람도
모두 반가웠지.

이제
피를 토하며
마지막 부르짖고 싶은 말
“해와 달과 별과 새들아!
함께 꿈꿀 때 가장 행복했어. 고마워”

뚝뚝뚝
눈물대신 손 흔들며
내년을 기약하는

단풍낙엽
떨구고 가는
가을 종업식

김 동 석

- 2015년 서정문학 시부문『신인상』수상
- 부산문인협회 회원
- 부산문예대학 회장
- 시작 동인회 회원
- 2017년『남제 문학상』수상
- 공저 :『한국대표서정시선6, 7』
  『시작 7, 8호』그 외 다수
- 현 (주)서영 부사장

가을 편지 외 2편

해맑은 강물은
자연이 빚은 길 따라
굽이굽이 흐르고

햇살 품은 강물 위 은나비떼
은빛 날개 하늘거리는 강기슭에
눈 부시게 빛나는 갈대는
갈바람이 불러주는 사연
은빛 붓으로 텅빈 허공에
가을 편지를 쓴다

지난 시절
아름다운 가을 사랑에게

시냇가에서

아스라이 높은 하늘에
아련한 옛 추억이
흰 구름되어 흐른다

들꽃 하늘거리는 시냇가에서
초롱 눈망울 아이들은
푸른 꿈 실은 종이배를
냇물에 띄워 보내고 있었다

시냇가에는 희끗한 내 머리를 닮은
갈대꽃이 손 흔들어 반기고
들꽃들의 속삭임 정겨운데
지금 그 아이들은 보이지 않는다

고추잠자리가 파란 하늘에
가을 이야기를
붉은 육필로 써 내려가면
금방이라도 파란 물이 맺혀
떨어질 것만 같다

그 파란 물들이면
어린 시절로 돌아갈 수 있으려나
아름다운 가을날은 가고 있는데

능소화

옥 비단 치마에 간들어진
춤사위
눈을 뗄 수 없는 아름다움

눈 부신 주홍빛 얼굴
새초롬한 꽃입술에 수벌의 진한 입맞춤
부풀어 오른 샛노란 유두

유혹의 바람결에 혼미한 몸을 던져
붉게 파고드는 아찔한 포옹

주홍빛 물들고 싶은
꽃등 켜지는 밤

김 재 항

· 국민대학교 무역학과 졸업
· 성균관대학교 무역대학원
국제경제학과 수료
· 한국서정작가협회 회원
· 2017 서정문학 시부문 등단
· kim-jaehang@hanmail.net

함박꽃 당신 외 2편

수줍게 내리는 눈.
파란하늘에 눈이 내린다.

갓난 아이 주먹만한 함박눈.
파란대문에 하얀 꽃잎이 날린다.

담벼락 밑은 온통 노다지.
촘촘히 둘러 싼 황금빛이 눈부시다.

서광꽃이 둘러 싼 우리집
동이 트는 새벽이나 어둠을 맞는 해질녘이나 서광이 비친다.

파란 대문이 수줍은 처녀의 입가 미소처럼 살며시 열린다.
함박꽃보다 활짝 편 얼굴로 나를 맞는다.

파란대문이 보이는 동구 밖부터 서둘러 내딛는 내 발걸음을 들었을까?
아니면 가슴팍에 파묻혀 젖을 빨던 어릴 적 내 향기를 기억하는 걸까?

함박꽃 당신.
바로 우리 엄마다.

그러나 이제 함박꽃은 지고, 더 이상 눈은 내리지 않는다.

인연의 끈

당신은 날 기억하지 않아도 좋습니다.
차라리 기억하지 않는 것이 낫겠습니다.

내가 당신을 기억합니다.
억 만 겁의 시간이 흐를지라도 난 당신을 기억하겠습니다.

다만 같은 하늘 아래에서...
꼭 다시 만나기를 기원할 뿐입니다.

그땐 꼭 누구보다 당신을 먼저 찾아내고 말겠습니다.
그땐 꼭 당신을 놓치지 않겠습니다.

대신 꼭 쥐고 있어야 합니다.
인연의 끈

옹달샘 그리고 계영배

언제부터 솟았던가.
깊은 산 옹달샘.
혹여 어느 누구를 기다리고 있었던가.
물방울 떨어지는 소리조차 수줍은 듯 숨어있는 옹달샘.

심마니의 목이 타 들어간다.
이젠 더 이상 마른 침조차 삼킬 수도 없다.
수줍은 물소리가 울려 퍼진다.
작은 샘을 가리고 있던 나무도 가지를 활짝 펼쳐 그를 맞는다.

등에 진 무거운 짐을 벗어 던진 심마니.
샘물에 얼굴마저 파 묻을 것같던 서두름과 욕심을 뒤로하고
두 손을 가지런히 두 손을 모은다.
바닥에 쌓인 흙이 물을 흐릴까 조심스러운 그의 두 손.

목마름은 입에 담긴 한모금의 샘물로 충분하다.
욕심을 부리지 않으면 계속 채워지는 옹달샘
심마니는 알고 있다.
옹달샘은 산신의 계영배임을…

물위에 떨어진 나뭇잎을 건져내고 뒤돌아선 심마니의 어깨가 한결 가볍다.

김 정 미

· 서정문학 시부문 등단
· 한국서정문작가협회 회원
· 송파 문인협회 회원
· 전남일보 백일장 우수상 수상
· 한국 예술 진흥회 문학상 수상
· yyms0918@hanmail.net

봄동을 무치며 외 2편

누렇게 떡잎 진
슬픈 생애지만

푸른 꿈 숨겨놓고
납작 엎드려
시련의 강 건너왔다

밤새워 달렸지만
눈 떠 보면
냉냉한 세상위에
쓰러져 있던 나날

놀라운 삶의 열정
품었건만 의 나는
맨살로 맞아야하는
모진 삭풍에

일어 설 수도
죽을 수도 없는
생의 노래였다

질긴 생명줄
오지게 품고 나서야
달달한 삶의 온기
스몄으니

그의 이름은
희망의 푸른 꽃
봄동이어라.

달동네의 밤

저 골목을 올라가면
뭐가 있을까
축 늘어진 가로등이
눈동자를 껌벅이고

흙빛을 잃어버린 땅에
도둑으로 몰린 고양이가
구멍을 판다

어깨보다 낮은
담벼락 사이로
곤곤한 삶들이 넘실거리고

하늘을 보니
중심에 있을 거라 믿었던 달이
남쪽으로 기울어져 있다

추운 골목을 올라
발길이 먼저 닿은
지구의 속살이 속삭인다

'변화는 너 자신부터이다'
밤 고양이 사납게 울어댄다.

보리밟기 사랑

떨리는 아픔을 견딘 후
알았습니다

어린 날 당신의 회초리는
긴 여생을 제대로 살리기 위한
보리밟기 사랑이었음을

웃자란 뿌리를 밟아주어
단단한 생명을 내리게 하는
보리밟기 사랑

불혹 언덕을 넘어서며
이제야 알았습니다

여린 새순 꾹꾹 밟아야하는
당신의 멍울진 마음을

김 정 배

· 한국문인협회 회원
· 칠곡문인협회 회원
· 아남카라 문인회원
· kjbhl@hanmail.net

녹색 그리움 외 2편

녹색 짙은 갈참나무 파르르
떨며 잎 맞춤할 때

이 숲 저 숲 재잘대는 딱따구리
숲속의 정겨움을 토해낸다

쉼 없이 속삭이는 숲들의 세미한
소리는 하얀 미소로 다가옵니다

엽록소 머금은 잎새 위에
토닥토닥 떨어지는 빗방울 소리

싱그러운 오월을 흩어 놓아도
아려오는 그리움은 갈참나무 고목에
매달고 싶다.

가을의 비애

주유소 앞 만국기 현란하게 춤추고
한 바퀴 돌아온 소슬바람
요리조리 낙엽을 긁어모은다

산불 조심 플래카드 등산로 입구
초병을 서고 뒷산은 만산홍엽으로
불타는 십일월

가을은 동공도 호사를 누리고
억새풀 붕어 비늘처럼 반짝이며
늦가을의 이삭을 줍고 있다

하지정맥

종아리 실핏줄 성난 파도로 요동치고
사통팔달로 미로 여행을 떠난다

녹조로 변한 강물은 모세혈관을 비집고 나와
한 맺힌 응어리로 자리 잡는다

심장에 흔적을 남기고 아래로 달음질치다
나들목 웅덩이에 빠지고 만다

오금쟁이 저리면 말초 신경 촉수를 꺾어
우심방 좌심방으로 봇물을 옮기고 싶다.

김 현 희

· 충남대학교 국어국문학과 석사 졸업
· 2016년 서정문학 시부문 신인상
· 한국서정작가협회 회원
· 현) 대전 거주
· muwi55@naver.com

누구에게나 있는 일 외 2편

내가 사라진 건 일곱 살부터
눈 속에 버려져
이유 없이 맞은 뺨이 얼 때도
꽃보다 그늘에 기대
사람의 흔적을 찾지 않았다

융털 닳은 위벽에 물이 걸리고
고름 끓는 식도에 기침이 걸려도
관계의 온도를 벽에 걸지 않았고
불씨 없이 재가 되는 수련을 했다

불면의 밤을 뒤척이며
바람의 아침을 먹으며
봄이 여러 번 왔어도
햇살의 설렘에 흔들리지 않았고
이끼 낀 돌이 되었다

삼킴 장애로 물만 삼킬 때도
안개 낀 어느 마당에 피어난
수선화에 눈물 흘리지 않도록
마음에 검은 빗금을 그었다

앳된 사랑이 들락거리지 않게
마르는 몸을 다행이라 여기며
시간의 덧없음에서
살비듬 같은 생각을 털어내며
단 하나의 겨울로 살고 있다

꿈을 자르는 요가

등줄기에 소름을 세운다
조금만 걸으면
숲속에 문이 있다는 동화에 속지 않는다
나는 변온동물이 아니다
언 길을 맨발로 걷고 있다

사랑을 잘라내며
언어의 감각을 다듬지 않았고
진창에 팔이 잠겨도
습지에 발이 갇혀도
진열장의 타인처럼 울고 웃었다

덫에 찢긴 의지를
이상도 이하도 아닌 공空으로 만들고
새벽 같은 고독을
색 바랜 낙엽에 묻으며
물 같은 인정人情을 물처럼 흘려보냈다

뇌출혈의 상흔이
겨울나무처럼 생활을 이어가니
어느 좌표에도 발을 딛지 않으려고

바람과 비에 살색을 잃어가며
날씨 흐림이 되어가고 있다

순해질까요

삶은 수동이에요
맞받아치려면
파리한 눈물을 흘려야 해요

잡풀은 두려움을 먹고 살아요
내력이 비슷해서
한숨의 의미를 알아요

벗어나는 방법은 책에 많아요
효력이 없을 뿐
취업전선에서 고개 숙이며
눈빛을 잃는 게 정답이지요
물방울의 삶도
무임승차가 없어요

시멘트를 뚫은 민들레에게
생명 신화를 꾸미지 말아요
희생자의 역할이 남아돌아요
겁먹은 가면으로
나이테 없는
코스모스의 떨림을 가려요

저승 문 앞에
하루살이 떼의 죽음이
줄어들지 않아요

글자는 위로할 문맥을 잃고
가시 박힌 마음은
순한 냄새만 나지요

김 호 천

· 전남 장성 출생
· 서정문학 시부문 등단
· 한국서정작가협회 회원
· 광주시인협회 회원
· 광주시문학상 작품상 수상(2013.12.16)
· 광주문인협회 회원
· 서정문학 작가협회 회장 역임
· 시집 : 『초원의 반란』
· hcnkim@hotmail.com

가을 밤 외 2편

가을
가을의 밤
물에 떠 가는 달.
곰이 집어 삼키네.
삭히지 못하고 배를 틀어 쥐고
오물과 함께 토해 놓네.
그래도 달은 밝아라.
별 밭에 떨어져 구르는 달은
굴렁쇠 맑은 소리를 내네.
도토리 까던 다람쥐가
달 속으로 뛰어 들고
철새도 달 속으로 무리로 드는 밤.
여치 우는 소리 들리고
여름을 닫는 바람 소리 들리고
장롱의 겹 이불 내리는 소리도 들리네.
내 안에 소란한 가을 밤
임의 손길 스치는 소리가 정겹네.

떠난 새 기다리다

꽃 져버린 날
작은 새 날아와
잎 푸른 모과나무에 앉는다.
두려운 눈으로 두리번거리다
잎을 쪼는지 진딧물을 잡는지
입질을 열심히 한다.
어쩌면 지난 해 꽃 필 때
꽃망울 터지는 소리에 놀라
두고 간 간을 찾으러 왔는지도 모른다.
반가움에 살며시 문을 여니
놀라서 날개 쳐 오른다.
내가 새의 언어를 알았다면
놀라지 마라 착한 사람이야
친구가 되고 싶어 말했을 텐데
하늘을 나는 새와 땅을 밟는 나와는
세상이 다르니 어쩌랴
이심전심 내 마음을 알게 되면
그때 다시 오려므나
외로운 내게
내 날이 다하기 전에.

집을 짓다

오늘도 클라리넷을 분다.
관객도 없는 빈 방
가쁜 숨을 불어넣어
물레를 저어 소리를 잣는다.
직선으로 벽에 부딪쳐 귀청을 찢던 소리가
아내의 이마에 주름 주던 소리가
안개가 능선을 넘듯 곡선으로 출렁인다.
외로운 아낙의 울음소리 바람 타고
댓잎을 스치기도 하고
시름에 겨운 노인의 한숨이
구름으로 수 놓는다.
슬픈 가락 즐거운 가락 엮어
베틀에 앉아 북 넣어 베 짜듯
나만의 집을 짓는다.
까치가 집을 짓듯,
조개가 껍질을 굳히듯
비단실 뽑아 궁전을 짓는다.
나는 나의 외로운 우주 속
노을에 등 기대고 서서
클라리넷을 분다. 오늘도

박 동 환

· S-oil(주) Aro동력과 근무
· 방송대 국문학과 졸업
· 울산 공단문학회 사무국장
· 서정문학 시부문 등단
· 한국서정작가협회 회원

등대1 외 2편

온종일 바다를 지키는 눈빛이
시퍼런 파도에 눈물이 날 법도 한데
눈동자 더 또렷하게 광채를 띤다
만리 타향을 숨가쁘게 헤쳐온 배들이
서리처럼 날카로운 눈빛에
안도의 한숨을 몇 번이나 쉬었던가
고향 생각에 잠 못 이루던 밤을
별똥별같이 바다에 떨어지는 빛을 보며
가족들의 안부를 바다에 소중히 묻은 날
눈에서 가슴으로 전해지는 사랑의 한 줄을 보았다
그리움이 스멀스멀 밀려오는 날이면
눈을 맞추고는 잠시나마 눈이 멀어
한동안 보지 않는 것이 미련을 버리는 일
너는 그렇게 사랑 표현을 했고
나는 그렇게 너의 사랑을 받았다
겨울바람이 살을 도려내는 아픔을 전하면
너의 눈동자도 어느덧 촉촉이 젖어
바다 위에서 나와 함께 바람에 운다

등대2

밤하늘 별이 어두운 구름 위에 잠자고
바다는 고래의 노래를 듣는다
파도가 부서져 하얀 물거품을 구름처럼 일으키고
방파제 속 잠자는 게들이 놀라 게걸음 치면
하얀 장대는 긴 낚싯줄을 바다에 던진다

밝은 줄에 걸려든 몇 척의 어선들이
진주 목걸이처럼 반짝반짝 빛나고
북극성을 보지 못하는 어두운 시력은
육지의 별에 끌려 파도를 넘고 있다

별이 검은 이불 속에서 깊게 잠든 밤
잠에서 깨어난 육지의 별은 밝기를 더하고
따뜻한 미소로 바다를 응시하는 눈은
성난 바다에 자장가를 불러주듯
어두운 무대를 밝게 노래 부른다

등대3(빨간 등대)

바다 끝 전망 좋은 곳에
화려한 의상이 그저 사람들의 인기로
카메라 세례를 받는
일종의 붉은 유혹이며
노을 든 바다에 한 폭의 그림처럼
잘 짜맞춰진 바다의 장식품으로 서 있는 줄 알았다

모두가 잠든 밤
밤은 검은 장막으로 모든 것을 앗아가듯
바다는 심술을 부리고 등대는 눈을 뜬다

궁극의 목표가 남의 시선을 의식한 채
붉은 벽 그림자 뒤에서 조명을 받는 게 아니라
어둠 속에서 힘들어하는 그들을 위하여
묵묵히 본연의 업무를 수행하는 일
야간 근무를 마친 우뚝 솟은
온몸이 충혈된 빨간 등대를 보고
그때 알았다

박 상 배

· 서정문학 시부문 신인상 등단
· 한국서정작가협회 회원
· 전)제주특별자치도청 서기관
· 전)제주시 오라동장
· 공저 : 『한국대표서정시선7』
· susan3713@daum.net

비밀의 정원 외 2편

성난 파도에 뒤틀린 조각들이
역사의 소용돌이를 지나
색체의 향연 속을 헤치고
골 깊은 빈터를 수놓은 비밀스런 곳

닫혀 있으면 볼 수 없고
들여다보지 않으면 알 수 없는
해가 저도 끝나지 않는 화려한 축제

오랜 시간
인적 없던 이곳에
일상의 쉼표를 가로질러 흐르는
인내의 농도가 세월 따라 짙어지고

자연의 거친 생명 속으로
얼어있던 용암동굴 마법이 풀리면서
신비함이 하나같이 묻어나는
가공되지 않은 대자연의 숨소리

매순간마다 토해내는
지치지 않은 열정의 불씨를 키워 빚어낸
세계자연유산의 지하궁전

겨울나무

가지 끝에 걸린 꿈이
어제의 잔영을 넘나들던
기억 밖으로 떠나간 한적한 시간

귀 먼 노년이
지친 육신 언덕에 눕히고
헐떡거리던 숨을 고르더니
창공에 박힌 별 헤이다가
촉촉해진 낡은 밤을 홀로 지새운다

붉게 타버린 사연 한데 모아
호랑거미 먹잇감 노리던 거미줄 위로
버려진 흔적 찾아내어 지우고

아픈 상처 보듬던 능선 너머
산새소리 점점 멀어져가는
굴곡진 삶의 앙상해진 민낯 드러내는 찰나

알싸한 겨울바람 불어와
가슴 한 자락 곱게 물 들였던

부푼 마음마저 빼앗기고
색 바랜 비탈길을 더디게 넘고 있다

위기

묻 생명들이 숨 쉬는
화산섬자락 우거진 숲속에
소리 없이 다가서는 희미한 그림자

날이 갈수록
나이 지긋한 주인들이 시름시름 앓다
하나 둘씩 이 섬을 떠나는데

황달병이 버거운
푸른 상념이 가쁜 숨 몰아쉬며
경련으로 주저앉은 공간에 날개를 접고

세월의 넋을 달래는 고단을 깨워
꿈의 어두운 이면을 드러내기 바쁘다

기계음이 산허리 흔들 때마다
처연히 감도는 낡은 자국 따라
속세와의 인연 지우는 의식이 치러지고

풀벌레 울음소리 멎은

낙락장송 무덤 길게 늘어선 빈터엔
영혼 없는 하인들만 들끓고 있다

박 성 순

· 서정문학 시부문 등단
· 한국서정작가협회 회원
· 아세아연합신학대학교 대학원
(문학석사) 치유선교학전공
· 한국어 강사, 아동심리 상담사
교과체험 강사로 활동 중
· ciyoupark@hanmail.net

금천교-덕수궁에서 외 2편

그대를 만나러
아무도 걷지 않은 새벽 금천교를 건넙니다.

길게 뻗은 소나무 몇 그루
고개 숙여 인사를 건네고
붉은 황토방 이부자리 청솔모가 분주히 개키고 도망을 갑니다.

사그락 사그락 모래알 밟는 소리
궐내 행각을 다 깨우는 사이
황금 빛 문살로 내 비치는
그대의 옷자락,

사부작 사부작 버선코는 신경을 곤두세우고
새 나라 새 시대 여는
여명의 빛 너른 마당엔
당신이 채 마시지 못한
커피 향만 가득 채워집니다.

시큼한, 아주 시큼한 엘살바도르
커피 향~
그대 없는 이 도시를 깨웁니다.

끝나지 않은 전쟁

피로 물들던 날들이 3년
아직 그 핏물 다 빠지지 않았는데
아직 그 멍울이 아물지 않았는데
아침이면 또 무엇이 끝이 아닌지 왕왕거린다.

아직도 한반도는 독립하지 않았는지
여기저기 눈치를 봐야하고
내 뜻 한 번 제대로 펼치지를 못하는 것이
아직도 전쟁인가보다.

신사동 후미진 골목
영점 일초 빨리 가겠다고 빵빵이고
고택골 서둘러 갈런지 신호등도 무시하고 지팽이 집고 건넌다.

아직도 끝나지 않은 우리 내 전쟁
총도 없고
총알도 들어 있지 않은 우리 마음
날마다 전쟁이다.
에프에이티가 뭣이라고 문을 열었다 닫았다 하고
시골노인 무엔가 알기도 전에

아리송한 이름들로 가득 찬 병원세균들이 먼저
꽃바구니에 싸여 택배로 온다.

연남동 연가

갈, 봄, 여름 그리고 겨울
사계를 보내고서도
그대 내 맘에
나 그대 맘에 들일 수 없음은
경운궁 길게 뻗은 서쪽 벽 때문인가봐요.

살짝 고개 만 돌리면
나 그대에게
그대 나에게 들어가는 작은 문 하나 있는데……

우리는 왜 아직껏 빗기어 갔다가 왔는지
보고 싶어요.

유달리 복닥이는
시끄러운 홍대 지하철 역
하트모양으로 붉게 물든
연인들의 입술 만 동동입니다.

사랑해요.
사랑할거예요.
꽃담에 새겨진 도공의 마음처럼……

박 진 태

· 한국문인협회 회원
· 칠곡문인협회 회원
· 아남카라 문인회원
· qkrwlsxo123@hanmail.net

씨앗 외 2편

한 생애를
함축하고 있다

햇빛과 물
공기의 열쇠가 아니면
절대로
열수가 없다

누가
억지로
열어 버리면
모든
기억이 상실된다.

전당포

그녀는 모른다
내가 훔쳐온 사랑을

풋풋한 영혼을 맡겨놓고
아직도
찾아오지 못했다

코스모스 필 때쯤
소멸하지 않는 그리움이
연일 독촉장을 날린다

이자가 늘어
회수가 불가하다

다시 누군가를

옛날처럼 뜨겁지는 않지만
삼십 년 세월
사랑을 꺼본 적이 없거든
칼날이 무디고
촉감이 둔해도
툭툭 튀어나온 모서리 깎아서 둥글어지고
알 거 다 알아서
미움이 어디 있는지
고마움이 어디 있는지 눈 감고도 찾을 수 있어
당신하고 한세상 즐겁게
살고 가는 것에 만족해
다시 누군가를 생각해 본 적이 없어,

박 채 선

· 전남 영암출생
· 2011년 한국 미소문학 시부문 등단
· 2014년 서정문학 시부문 등단
· 한국 미소문학 작가회 회장(현)
· 서정문학 운영위원(현)
· 시와 수상문학 작가회 홍보위원장(현)
· 영암 문학 작가회 회원
· 3인 시집: 『세발자전거로 가보는 사람 사는 세상』
· 시집: 『하늘빛 연가』 『빈 가슴 채우는 시린 바람꽃』
· pcs7734@hanmail.net

귀거래사歸去來辭 외 2편

스스로 날개 접고 읊조린 귀거래사
밤마다 봇짐 챙겨 되짚던 화양연화
청산이 새벽을 깨워
일장춘몽 허망하다

미처 돌아가지 못한 낮달
홀연히 하늘 올라 금빛 노을에 숨어지고
은은히 맺혀진 설움 몇 조각
슬픈 변주곡 가시 되어 가슴을 후빈다.

어스름에 둘러싸인 산사
바람마저 골짝 기로 숨었나 보다
청아한 울림 한 자락 담지 못한 마음
찬 이슬에 붉어지는 잎새

달을 깨 벗겨 뽀얗게 흩어놓은 밤
침묵으로 단청한 산사 처마 밑으로
밤마실 다니는 풍경 소리 바쁘다
잎 새마다 널어놓은 이슬에
풀벌레들 호사를 누리는구나.

바다 바라기 별천지 추암 해변에서

격한 울림이다
혼절할 듯한 황홀감으로
젖어 든 사색의 바다는
결핍된 감성을 채워주는 화수분이다

바다 바라기의 별천지
추암 해변의 비경에 바람과 비
파도에 젖어가는 천혜의 풍광에
심해深海의 깊은 사유가 출렁인다.

자연이 만든 최고의 걸작이다
감탄사는 그 자체로 시詩이다
풍경화 한 폭 시어 한 줄 담는 가슴
풍월을 낚는 안빈낙도 안분지족이다

추암의 비경 앞에선 무상함이어라
망부석의 촛대바위 연리지의 겨울연가
이율배반적인 언어의 도단이여
오래오래 기억되리라

시리도록 파란 하늘 아래서

한걸음 옮기면 한 걸음 절룩이는
애처로운 불구의 시간
이성과 양심이 고갈된 시대에
겸손과 배려는 먼 길을 떠나고
시인은 먼발치의 이방인처럼
방관만 하고 있다

지치고 힘든 일에 부딪힐 때마다
전신이 삶의 상처로
피고름이 흘러내려도
지나친 집착과 헛된 욕망의 삶이 아닌
단단한 삶을 오늘만큼이라도
자랑스럽진 못해도 부끄럼없이
살아가야지

신이 아니기에
모든 걸 눈감고 포용할 수 없는
애련함
면역되지 않는 서글픔
즐풍목우의 파란 하늘을
올려다 본다.

곡당

박 태 건

· 밀양 출생
· 아호: 곡당(谷堂)
· 2016『서정문학』시부문 등단
· 서정문학 운영위원
· 한국문인협 서대문지부 (편집부장)
· i.24@daum.net

습관의 기억법 외 2편

잊지 않았다
몸으로 배운 그 습관들
기억의 저편과는 무관하다.

잊어 버렸다
소중한 그 무엇을
몸으로 배운 습관처럼
기억해 낼 수 있을까

기억과 기억의 간격
느.껴.지.다.가.
잊.어.버.린.다.
그가 올 때까지
기다려야 한다.

아집我執

해거름녁
지친 몸을 이끌고
나는 집으로 돌아온다

바람이 따라와
자꾸만 흔들어도
쓴웃음 지으며 돌아온다.

바람의 날궂이에
나무만 북이 되고
내일을 가슴에 안으며 돌아온다.

구름에 달 가듯이
변화의 얼굴에
조금씩 문을 열면
아집我執이
아집娥執이 된다.

밀양 우체국 누나

비둘기가 모이를 쫓는다.
피아노 치는 모습
밀양우체국 누나에게 몇 번 갔지만
되돌이표 오선지다.

만국기가 바람에 휘날리던 날
길을 걷다가 멈추게 한 소리
온몸으로 피아노 선율이 스며들었다.

가을에는 피아노 소리가 더 크게 들린다.
양철지붕의 빗소리,
그리움의 높이만큼,
그곳에 가고 싶다.

배 막 희

· 서정문학 시부문 등단
· 한국문인협회 회원
· 한국서정작가협회 회원
· 서정문학 운영위원
· feelmiz@hanmail.net

겨울이란 것 외 2편

말을 할라치면
그냥 하면 될 것인데
모난 소리 해 가며

그냥 들어 다오
어차피 긴 침묵으로
하루 해도 짧을 건데

억새

말만 하여도 몸을 흔들며 허허 웃더니
이제는 숨만 쉬어도 거칠다

관심이란 건 내 곁에서 돌아나가
멀리에 있고
무관심이란 것은
몸살 나게 떨어지지 않는다

스치기만 해도 함빡 터지던 얼굴도
이제는 볼 수가 없다
찬 겨울 바람에
뿌리 깊은 날 들도
담쟁이 벽 기어 가듯하는 일상의
변함없던 흔적마저도 사라지고 말았다

내 여린 님은 찬 바람에
구슬프게 제 몸 비비며
한 겨울 홀로 몸 비틀어 누워 있을까

욕심

내가 키운 고구마
못생겼다 버렸다

먹어 보지도 않고
맛 없겠다 버렸다

여름
가을
밤 낮으로 키우던 걸

줄기를 잡고 버둥거리던 것을
흙도 털어 주지 않고 버렸다

고구마여서 키웠던 것을
고구마라고 버렸다

무엇이 되길 바랬나

서 승 원

· 충남 당진 출생
· 육군장교 전역
· 전자공학 법학공부
· 2015 『서정문학』 시부문 등단
· 한국서정작가협회 회원
· 한국문인협회 회원
· 동인지: 『초록물결』 『시가 있는 아침』
『한국대표서정시선6』
· swsuhlaw@hanmail.net

다리미질 외 2편

네 개의 다리가 방바닥에 미끄러져 걸렸는지
다림판의 다리를 편다

시작과 끝으로 돌아오는 꼭짓점으로
그대처럼 구겨진 와이셔츠,
부스스 다림판에 눕는다
아래로 쓰다듬는 내리사랑으로
스팀다리미가 땀방울 흘리며
곧추세운 그대 몸을 데우고 있다

핸드폰 자판을 두들기다
자라목으로 노을이 타고 남은 재가
와이셧츠깃의 그을린 시간으로 있다
고래 등처럼 뿜어대는 물줄기가
그대의 무게로 방안에서 수증기로 있다

누적된 피로가 목을 세운다는 것이
얼마나 힘 들까
스팀다리미도 방안의 쉼터에서
하고픈 말 많겠지만
구겨진 것을 편다는 것이 새로움이라면

미안한 건 서로 기대는 것이다
툭툭 펴지니 손바닥이 뜨거워지고 있다

음계의 기부

시루에 올라앉은 노란 입술
미지근한 물로 씻기고 있다
볏짚으로 그려낸 오선지의 지붕 위에
조롱박이 영글어 또르르 구르는것 같다

조롱박의 크기에 삼각형의 톱날이
낮은음부터 높은음까지 고르고
물 한 바가지 듬뿍 흩날리면
며칠 지나 포개진 볏집 사이로
싹의 소리가 천장으로 들썩이다

끼얹어 주는 물잔에 며칠 지났을까
까만 모자를 벗고 속살 내밀어
한 뼘 두 뼘 자라는 대공의 소리
무지개 띠처럼 모여 있다
노래 부를 시간 다가오고

머리가 뽑힐 그 손이 근심이다
콩나물시루가 가온누리에
기부하는 소리로 밥상 차리고
입술을 훔치고 있다

배말뚝

마을 어귀 바닷가에 우두커니
장승처럼 바다를 묶고 있는 쇠말뚝이
밀물 썰물로 배를 아우르고 있다
뱃고동 소리가 크다

장맛비 뿜어대는 선착장에 바닷물이 불어나고
파도의 일그러진 거품이 들락거려도
제대로 하품을 한 적이 없다
하늘을 낚는 갈매기 꿈의 날갯짓으로
잠시 쉬어가는 배말뚝 위에
허물을 버려 지나가는 배에 고개 숙이고 있다

섬마을의 석양이 바닷물에 빠지고
먹구름이 젖어 든 밧줄에 묶인
뱃머리가 집집이 문패처럼 달싹이다
두 손 모아 기도하는 어머니처럼
인연을 보시하고 있다
소금기 밴 배말뚝에 노을 진 눈물을 감추려
우뚝 선 가장처럼 서 있다

桐村

소 재 수

· 1963년 서울상대 경제학과 졸
· 2012년 미소문학 시부문 등단
· 2015년 서정문학 수필부문 등단
· 한국문인협회 시 분과회원
· 동인시집: 『세발자전거로
가보는 사람세상』

점순이 나무

덥다, 덥다, 하던 게 엊그제 같은데 벌써 아침저녁으로 옷깃으로 스며드는 찬 기운이 선듯선뜻하다. 아마도 겨울이 벌써 저기 어딘가에서 기웃거리고 있지 않은가 싶다. 돌이켜보니 올 여름은 유난히 덥기도 했다. 에어컨 바람을 별로 좋아하지 않는 우리 집은 웬만한 여름은 선풍기 바람으로 견디곤 했는데 올 여름에는 별수 없이 에어컨의 신세를 유난히 많이 진 것 같다.

한여름에는 외출에서 돌아오면 시원한 찬물로 샤워를 하고 나면 그래도 그 시원한 맛에 잠시나마 더위를 잊고 낮잠을 자보는 꿀 같은 시간을 즐기곤 하다 보면, 문득 피란 시절의 시골 우물가가 생각나곤 한다.

초등학교 6학년에 6.25를 겪은 나는 그해 겨울 중공군의 참전으로 전세가 불리하여지자, 당국의 권유로 험악한 겨울 날씨에 인천으로 가서 피난선에 올랐다. 어마어마하게 큰 상선에 오른 우리는 아비규환 같은 난리 속에 기진맥진한 몸을 우선 진해항에 내려 힘들게 6개월 정도를 버티다가 외가 쪽으로 연고가 있는 충청도 어느 마을에 피난생활을 하다가, 휴전이 되어 서울에 환도하기까지 3년 정도, 그곳에서 피난 시절을 보냈다. 마을은 차령산맥이 태백산

맥을 뛰쳐나와 달리다 지쳐서 양손을 쭉 뻗치고 있는 양 몇 개의 골짜기로 구성된 아름다운 손가락 사이의 몇 개의 골짜기마다 삼십여 가구씩 그림 같은 모습으로 마을을 이루어 살고 있는 양반 집성촌 이었다. 내가 있던 마을의 특징은 야트막한 산등성이를 사이에 두고 이삼십 가구씩 모여서 마을을 이루고 있어 멀리서 보기에도 퍽이나 평화스럽게 보이는 마을들 중에서도 한 가운데 위치한 마을 이었다.

예나 지금이나 인간들이 모여 살기에는 물이 첫째 조건이 아니었나 싶다. 내가 살던 마을도 특히 물 복을 받은 듯 마을 뒷켠에 수량이 아주 풍부하고 물맛이 좋은 샘이 있어 온 동네의 아낙들의 소식 나눔터요, 어려운 삶의 푸념처로 소위 요즈음 말로 스트레스의 해소처 역할을 하고 있었다. 수량이 풍부하여 낮에는 쓰는 사람들이 적을 땐 흘러넘치는 물이 도랑을 이루어 논까지 백여 미터를 흐를 만큼 넉넉한 물의 축복을 받은 곳이었다.

그곳에서 나는 이십 여리나 떨어진 읍내의 중학교에 다니고 있었다. 새벽에 컴컴해서 집을 나서서 등교를 해야 했고, 어둑어둑 땅거미가 질 무렵에서야 학교에서 돌아오기가 일쑤였다. 어느 해 여름인가, 학교에서 이십여 리를 걸어온 나는 땀투성이가 되어 가방은 마루에 던져놓고 우물가로 달려가 웃통을 벗어 던진 채 시원한 샘물을 길어 목물을 하려갔다. 마침 동네 아낙 두 분이 채소를 씻고 있을 뿐 샘가는 한산했다. 이때 마을 끝집 큰딸 점순이가 동이에 샘물을 길어 머리에 이고 집으로 가고 있는 뒷모습을 바라보던 아낙네들의 이야기가 들렸다.

'아이고 저 점순이 엉덩이 큰 것 좀 봐, 이제 시집가도 되겠구만' 의 말에

'그러게 점순이가 올해 몇 살이여' 하며 맞장구를 치면서

'열 일곱 살은 된 것 같은 디 어느 집에서 데려 갈랑가 그 댁엔 복덩이가 굴러들어 가는 것이지'

'암, 그러고 봉께 저 점순이 나무 좀 보드라구 어느 사이에 저렇게 몰라보게 커버렸구만'

'글세 지금 보니까 엄청 컷구만'

'점순이가 시집 갈 때가 됐다는 말이지'

'안 그래도 아래뜸에 사는 어느 총각 도령허구 혼삿말이 오간다는 소문이 있는디'

'그려? 어이구 그러면 점순이 아배 바빠지게 생겼구만' 하며 대꾸를 해가며 씻은 채소를 챙겨서 각자 집으로 가시고 난후, 나는 시원하게 씻고 집으로 오면서 자꾸 의문이 생겼다.

아주머니 들이 이야기하던 점순이 나무는 무슨 말이며, 점순 아버지가 왜 그 나무 때문에 바빠지는 지가 이해가 안 되어 갸우뚱한 나는 집으로 오니 마침 집에 일을 도와주러 와있는 몇 살 위의 먼 일가 형뻘되는 분에게 샘가에서 들은 이야기에 대해서 물었다. 그 형은 웃으며 내 머리를 한번 쓰다듬으며,

'짜식 너는 아직 몰라도 되는 일인데' 그래 너도 인제 중학생이니 알건 알아야지 그만 알려줄까'

큰 인심이나 쓰는 양 생색을 내며 알려준 이야기다. 이 동네에는 여자 아이를 출산을 하면 영아 사망률이 높았던 시절이라 이름도 바로 지어주지 않고 삼칠일이 지나서야 이제 죽지 않고 살려나 보다하고 이름도 점순이라 지어주고, 점순이 아배는 남들이 딸을 얻으면 하는 것을 본받아 오동나무 묘목 몇 그루를 얻어다 샘물이 흘러나가는 둔덕에다 심었단다. 이 오동나무를 동네 아낙네들은 점순이 나무라고 불렀다. 세월은 빨리 흘러 어느덧 점순이 나이 열아홉이니 점순이 오동나무도 거목으로 자라고 재목감으로 손색이 없었다. 이제 점순이가 혼삿말이 오가기 시작하면 점순이 아배는 이 중에 몇 그루를 베어서 읍내 제재소에 가서 얇게 켜다가 그늘진 곳에 정성스레 몇 달을 건조시킬게다. 재목이 다 마르면 점순이 아배는 저 끝엣 집에 사는 농쟁이 영감에게 부탁 하겠지. 그는 말이 농쟁이지 그냥 동네 목수 노릇을 하다가 손재주와 눈썰미가 뛰어나 간단한 가구 등을 촌스럽지 않게 딴에는 모양 나게 잘 만드는 재주가 있어 인근에서는 알아주는 멋쟁이 농쟁이로 통한다. 점순이 아배와 농쟁이는 사돈댁의 수준에 맞게 점순이 나무로 마련한 오동나무 재목으로 장롱, 반닫이며, 장식장이며, 찬장 등을 만들기로 타협을 볼 것이다. 얼마 후 점순이가 정혼을 하면 이 가구들은 점순이 혼수로 사돈댁으로 보내지고 며칠 후 점순이는 그 댁으로 시집을 간다는 이야기였다. 다 듣고서는 그때는 아 그렇구나 하며 끄덕끄덕하고 말았다.

한데 요즈음에 와서 이 이야기가 가끔 되짚어 생각이 나곤 한다. 넉넉하지는 못해도 열심히 농사지어 가족들과 '등 뜨시고 배 뜨시게' 사는 점순네가 십 수 년 후를 대비해서 나무를 심었다는 생각도 놀랍고 대단해 보인다. 점순이 아버지 생각으로야 일이십 년 사이에 천지개벽 할 일은 없을테니 살아가면서 오동나무 쑥-쑥- 자라는 것과, 점순이 곱게 자라는걸 보는 재미였는지 모른다. 어쨌든 평화롭고 안정된 백성들이 나물 먹고 물마시고 손깍지 베고 풀밭에 누어 푸른 하늘에 유유히 떠 가는 흰 구름을 보고 있는 모습이, 잘 그려진 그림 같이 아름답고, 햇솜으로 만든 솜이불처럼 따뜻하게 느껴지기만 하는 것은 웬 일일까. 요즈음 세상 돌아가는 꼴이 오동나무는 커녕 버들가지 하나도 꺾어다 개울가에 꽂아볼 마음의 여유도 없는 각박하고 온기 없는 세상이 보기에 아쉽기만 하다. 몇 년이 멀다하고 어린 학생들을 당황하게 하는 변화무쌍한 입시제도의 변덕과 윗동네, 아랫동네 그리고 옆동네가 패거리 지어 정치의 기본이 바르게 서지 못해 온 국민과 나라가 번개치고 소나기 퍼 붇는 아수라장 같은 암흑천지를 겪느라고 홍역을 하는 시대는 이제 그만 막을 내리고, 이십년 앞을 보고 오동나무를 심던 점순이 아배가 살던 그런 세월 한번 우리 세대에 맛볼 수 있었으면 하는 생각이 간절하다.

안 영 호

- 한국서정작가협회 회원
- 계간 에세이작가협의회 회원
- 강진문인협회 회원
- 시집 : 『머물고 싶은 세월』
  『세상살이 엿듣기』
  『우리 꽃 야생화 잔치』
- 수필 : 『가르치며 배우고 배우면서 가르치고』
- 자서전 : 『CEO 출발에서 마무리까지』
- anyoung119@hanmail.net

돈의 두 얼굴 외 2편

한쪽 면은 자유
한쪽 면은 노예

한쪽 면은 선과 악
한쪽 면은 천국과 지옥

가려진 돈의 두 얼굴이
가증스럽다.

돈을 벌어 자유를 누리고
돈을 벌기위해 노예가 되는

우둔한 인간의 두 얼굴이
가증스럽다.

그리고 미워질 때

그대가 그리워
허공에 못을 박는데
들어가지 않았다.

그대가 그리워
물위에 못을 박아도
들어가지 않았다.

그대가 미워져
가슴에 못을 박으니
대못인데도 깊이 박혔다.

겨울에 내린 비

겨울에 내린 비는
경망스럽거나 부산스럽지 않고
처량하거나 을씨년스럽지 않아
차분하고 고요하게 내린다.

겨울에 내린 비는
타인을 위해 희생하면서
역경을 이겨낸 모습이
눈물이 나고 청승맞다.

겨울에 내린 비는
누군가 와 창문을 두드릴 것 같아
낙숫물을 바라보며
애타게 기다리는 그리움이다.

겨울에 내린 비는
여린 생명체인 새싹을
다소곳이 틔우기 위한
혁명이요 꿈을 주는 희망이다.

오 정 임

- 새얼 전국 백일장
  (2011년 7월 7일 장려상,
  2014년 6월 24일 차상)
- 서정문학 시부문 신인상
- 한국서정작가협회 회원
- jun8337@hanmail.net

붉은 장미 외 2편

물빛 머금은 탐스런 얼굴
꽃잎까지 입안의 축제
검붉게 물든 혀의 상흔

숨 막힌 사랑
붉은키스
똑똑 떨어지던 날.

키다리 아저씨

콘크리트가 딱딱하게 메말랐다
도시안 분주한 사람들의 심장이 페허를 부른다
바람결따라 걸어본다
발끝에서 느껴지는 무성함
파란 하늘을 두팔 벌려 안아버린 창대한 품
아픈 가슴 부여잡고 아무리 매달려도
엄지 손가락 하나만 잡힐 뿐인데
시원하다 푸르다 보인다 구원의 푸른빛
오롯이 서서 단단히 품어온 사랑
포로가 된 생을 다 하고도 안락한 그루터기가
되어 커다란 알몸을 내 보인
키다리 아저씨.

너

다를 수 없어서 너
대신 할 수 없어서 너
구겨졌다가도 또 다시 펴 보는 너
질척이게 지질이도 날 못나게 하는 너
무작정 의미를 부여하지 않아도
보이는 너
보여지는 너.

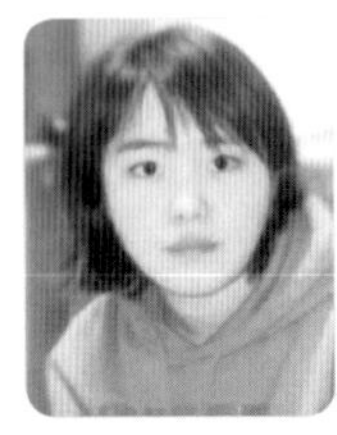

옥 혜 민

· 서정문학 시부문 신인상 등단
· 창조문학 신문사 소설 '화가의 정원' 등단
· 독서논술지도사자격증
· 미술심리상담사자격증
· 방과후 학교 지도사자격증
· 조선대 국어국문학과 졸업
· hmi1790@naver.com

세상속의 우리 외 2편

세상속의 낮과 밤
외로운 도시의 공허함,

세상속의 사람들은
자신의 삶을 열심히 산다.

삶을 사는 우리들은
치열하고도 고독하다.

그들은 삶의 의미를
찾기위해서

밤하늘의 별을 세어가며
생각에 잠기었다.

달팽이

느리게 살고 있다.
세상은 나에게
고독이란 집을 지어줬다.

비오는 날 달팽이는
달팽이 집안으로
비를 피하고,

힘겨운 날 달팽이는
아무도 모르게
슬퍼한다.

달팽이의 삶은
느리고 여유롭고
느긋하다.

달팽이의 삶은
추운 겨울의
봄을 기다리는 삶이다.

느림의 미학

느린 나를보고
햇살은 말없이 웃어주네.

느린 나를 보고
꽃들은 정답게 인사하네.

느린 삶을 사는 나를보고
저 별은 반갑다 손짓하네.

느리게 사는 삶은
힘든 세상의 느긋한 들꽃처럼,

느리게 느긋하게
인내를 배우게 하네.

느리게 사는 삶은
저하늘의 별처럼
마음속에 스며드는 삶이다.

윤 송 석

· 서정문학 수필부문 등단
· 대한문학세계 소설부문 등단
· 한울문학 시부문 등단
· 한국방송통신대학교 국문과 졸업
· 장편소설: 『개팔자 상팔자』
· 수필: 『짭짤하고 성스러운 55가지 이야기』
· yunsongsuk@hanmail.net

정력남의 최후* 외 2편

신혼 100일 동안 1,000여 회
실로 떡의 진기한 기록을 세웠구나.

아무리 그 맛이 좋아도 그렇지
떡 기능이 끝나는 줄도 모르고 막판까지 그것에 매달리다니!

이미 지나가버린 버스요,
소 잃고 외양간 고치는 헛소리다만,

선인들은 나이에 따라
떡의 횟수를 정해놓았다는 것
사람이 요절하거나 장수하는 것도
그 원인이
떡에 있다는 것을 가벼이 여겼구나.

100년을 은밀히 누려야 떡인데
100일 만에 떡판을 작살내다니
다음 생에서는 제발 완급조절 좀 해다오.

---

* [2015. 11. 05-베이징] 중국 나얀시에 사는 30세 여성과 남편은 신혼 100일간 약 1,000회의 성관계를 가졌다고 한다. 그로 인해 그 남성은 성기능을 완전히 상실하였고 앞으로 5년 정도의 기대 수명밖에 남지 않았다고 한다.

시인 성추문들*

이 나라 이 민족이
어려움에 봉착했던 시절
詩로써 그 시대 정서를 대변하여
국민들의 마음을 위로하고 감동케 했던
훌륭한 시인들이 있었다.

진흙탕 같은 현실에서
가슴 울리는 서정시를 피워 올린
연꽃 같은 시인들.

이제는 고매하신 시인들이
세상을 더럽히는 범죄의 온상이 되었다.

가장 깨끗해야 할 문인들이
오히려 더 추잡하다는
질타를 당하는 것은 참 부끄러운 일이다.

* [2016. 10. 27-서울 연합뉴스] 문인들의 성추문이 끊이지 않고 있다. 한국시인협회는 홈페이지 공지를 통해 "추문들은 한 시대의 삶과 정신의 거울 역할을 자임해온 문학정신의 본령과도 어긋나는 것"이라며 "이 부끄럽고 참담한 사건을 계기 삼아 우리 문학인들이 스스로 성찰하고 신독慎獨할 수 있도록 함께 노력해 달라"고 당부했다.

비아그라

남자들은 변강쇠로 등극하여
그녀를 뿅뿅 가도록 모시고 싶은
기특한 그 마음 하나로
천하에 똥개보다 좋고
바다에 해구신보다 더 좋다는
그대를 통해 슈퍼맨을 꿈꾼다.

그대를 통하면
잠시 천하를 주름잡을 수 있다.
그 쌈박한 맛에
그 황홀한 맛에
자꾸만 그대를 의지하게 되고
결국, 그대가 없으면 무용지물이 되고 만다.

용강

이 춘 식

· 한울문학 광주전남 지회장 역임
· 한울문학 편집기자(현
· 광주전남 문학회장 역임
· 들풀문학 회장 (현
· 사)대한민국 문예진흥
서정문학 대상 수상
· dlcnstlr48@hanmail.net

삶이라는 것이 외 2편

매몰찬 세상 터벅터벅 걸어온 삶
봄기운 완연하여 시냇물 흐르듯이
더러는 즐겁고 순조롭게 풀리고
고운 밤 행복하게도 보내기도 하지만
태풍 비바람에 잠 못 이루고
뒤척이며 밤샘할 때도 있지 않던가
삶 한 부분이지만 이렇더라

삶이라는 것이
파란 하늘에 흰 구름 두둥실 떠다니면 곱듯
휴가철이면 마음은 벌써 파란 하늘이
생각에 잠기는 이런 꿈 같은 삶
밤잠을 이루지 못하고
아파트를 몇 층 올렸다 헐기를 몇 밤 꿈을 꾸다
해몽으로 한 시절 보내는
세상살이가 꿈 같은 삶이더라

상쾌한 낮잠으로 마음 채우고

서늘한 바람 가까이에
들녘에서 정원까지 가을바람으로
마을 앞 노송 가을바람에 취해 흔들거리며
고개 숙여 한들거리는 노랗게 물든 들녘에
고추잠자리 즐거운 날갯짓 아름다움에
가녀린 코스모스 수줍어 고개 숙였던
꽃망울 하나둘 고개 들어
분홍, 하얀 꽃 화사하게 웃음 띠는
정겨움이 고아라

시야에 아름답게
들녘에 황금빛 물든 풍성한 계절
참새 떼를
지어 좋아라, 가을 들녘 비행이어라
이른 아침부터 텃밭 일궈 등줄기 땀방울
시원한 등목으로 마음 상쾌한 낮잠 한숨
꿀맛이 이러하랴?
지난 가뭄 무더위 어디로, 가을비 촉촉하게
갈바람에 가을은 익어 풍년가 들리는
파란 하늘 떠도는 구름 보이거든
가을 풍경화 마음속 예쁘게 펼쳐보리라

가을 한 줌

가을 햇살 눈 부신 아침
뿌연 그리움으로 아침을 열고 햇살 가슴에 담아
노랗게 익어가는 달콤한 감 한 바구니 따
당신께 보내렵니다.
예쁜 편지지에 당신을 사랑하노라고 적고
가을은 고독한 계절이라 달콤한 감 껍질을 벗기며
고독도 함께 벗겨버리라며

삶의 터전으로 아끼고 위하고 싶은 산과 들
서산에 석양 기울 때면
아름답게 그림을 펼쳐 주는 그림자 자연의 아름다움
날저물어 어둠이 무겁게 억누르는 깊어가는 밤
풀벌레 우는소리 정적을 깨고
가을은 이렇게 우리 사랑처럼 예쁘게 여물어
당신의 사랑 편지 핑크빛 감 바구니에
가을 한 줌 담아 보내렵니다.

이 희 덕

- 충남 계룡시 출생
- 안양시 평촌 거주
- 『서정문학』 시부문 등단
- 황산 문학회 회원
- 동인지: 『시인의 정거장』 『은빛 날개』 『한국대표 서정 7선』 등 다수
- lhd1313@hanmail.net

검정지갑 외 2편

술 취한 아버지가
거실에 검정 지갑을 흘리셨다
몰래 훔쳐본 지갑 속
겹쳐진 천 원짜리 몇 장이
쓸쓸한 아버지 모습을 닮았다
내가 이 지갑 다 털어낸
도둑이란 죄책감에
지갑에 만원짜리 열장을
몰래 넣어 두었다
사람은 어디서 왔다
어디로 가는지
급하게만 흘러가는 세월
20년이 지난 후
아들 녀석으로 부터
첫 봉급 탓 다고 건네받은 하얀 봉투
돈과 함께 생색도
듬뿍 담겨 있는 듯하였다
그 옛날 내 모습처럼
오래 사용하여 낡아 빠진 아버지
헤진 지갑을
내 지갑이 닮아가는 것 같다

저 주검에 대하여 생각한다

이른 새벽 도로 위
무덤자리 정하지 못한 주검의
고라니 한 마리가 차디찬
아스팔트 바닥에 누워있다
저 주검에 대해 생각 한다
한 삽의 흙도 얹지 못한 맨 주검이
바람의 염습에 몸을 맡겼다
2000년 전 콜로세움 광장에서
생과 사, 갈림 길에 섰던 한 짐승의
포효하는 소리가 교차한다.
전사의 창끝에 찔려 쓰러질 때
열광하는 관중 환호성 보다 더 큰
제 심장박동 소리
들으며 짧은 생 마감 했으리라
사람의 이악스러움에 밀려
삶의 경계선까지 강탈 당한
고라니 한 마리
밤새 요란한 자동차 바퀴소리와
써치라이트 불빛 성가셔
편한 잠 못들고
핏줄 선연한 사지를 해리하는

바람이 제 입김 불어
온건히 잠재우는 중인

아직 채 감지 못한 저 눈 앞에서

번개팅

문자가 떴다 거역하면
영원히 안보겠다는
협박반 호소반인 극성파 총무
부름 따라나선 여행길
밟고 갈 길은 멀고
처량한 유행가는 계속되고
관광버스 한 귀퉁이서
가을의 정오를 배웅한다.
풍경이 나를 지나친다.
붉어질 때로 붉어진 산허리를
성큼성큼 점령한 단풍
눈 시리도록 파란 하늘
구차한 일상은 따라오던 말든
평생 질기게 듣는
그놈의 사랑 타령 애절하게도
잘도 돌아가는 소리에
모든 무게는 엉덩이에 맡겨
마땅히 할 일도 없는 손과 발은
괜시리 음악 따라 뒤틀리며
유랑극단 따라가는
어찌어찌된 연유의 시간

임 애 경

- 전라남도 해남 출생
- 2001년 인덕대학 졸업
- 2009년 창의 아이디어 장려상 수상
  (서울시장 오세훈)
- 서정문학 시부문 신인상 수상
- 한국서정작가협회 회원
- jyhlak@naver.com

성가정 외 2편

하늘에 집을 건축하는 부부의 성
마음으로 빚어낸 도자기는
항아리의 소리를 전한다.

감사의 기도가 빛의 축복을 알 때
부부의 사랑도 성장한다.

미운 오리는 돛단배를 타고
광야의 울음을 삼키며
눈물의 시간을 보낸 후에
빛보다 빠른 세상의 진실을 본다.

우주의 기가 흐르는 현실의 세계
정보와 소나타가 물결치는
세상 속의 지구는
단결된 사랑을 낳는다.

마음의 중심 그 안에 점을 찍고
두 손 모아 고백하는 시인은
하늘의 뜻을 교훈 삼아
진실의 세상을 열어간다.

긍정심리학

떨리는 마음으로 의식을 깨워라.
잠자던 뱃고동 소리를 살린다.

마음의 화살로 시간을 비워라.
기다림의 시간은 장소를 채운다.

밝음의 역사를 찾아라.
어둠은 천사를 돕는다.

기도의 소리로 행복을 깨워라.
속도의 마음은 사랑을 배운다.

행운을 나누는 공간을 알려라.
행복의 비밀은 순간을 살린다.

사랑의 종소리

사랑의 소리를 들어라.
마음으로 보는 사랑은
울리는 화음이 된다.

미움의 시간은 돌려라.
지나간 시간은 회복된다.

빛과 소금으로 떠나라.
세상은 태양보다 빠른
달의 숨소리와 일치한다.

바다의 운명에 목숨을 바쳐라.
기도의 소리는 마음을 읽는다.

세상을 창조하는 신화를 가져라.
후보생의 기쁨은 지구를 살린다.

장 규 환

- 서정문학 시부문(2017) 신인상
- 서정문학 운영위원
- 코리아 문학회 회원
- 시 사랑 협의회 회원

- avrhwany@hanmail.net

구불텅한 소나무 외 2편

바위에 발붙인 첫 날에는
마구 쏟아주던 햇살도
땀방울 씻어주는 바람도
모두, 위협이었지만,

이슬, 새벽이면 쭉 방문으로
밤낮 바위틈새 파 올려서
꾸불텅한 나이테 만든 소나무 한 그루
머리도, 팔도, 얼굴과 마음도 축 늘어 떨어진,

학鶴에게 쉼터 한자리 사용권 줬더니
보름달 한 달 소식 배달 오는 날
꾸불텅한 허리 광채 귀뜸한다

하얀 눈 때문에
보름달 때문에
더 고급스럽다네

보름달은
학 때문이라 한다

바람은
꾸불텅한 나이테 때문이라네
머리도, 팔도, 얼굴과 마음도 축 늘어 떨어진,

오수

한 세기를 살고 있는
노모의 멈춘 시간

5월도 꾸벅거리는 정오
바람이 지휘봉을 잡는다
언덕배기 소나무 숲속 합창,
암소 풍경소리, 뱁새, 종다리, 장끼 소리

겨울 내내 긴장한 동구밖 바위둘레집
가스레인지 사골국솥 뚜껑 힘껏 박수한다
저수지로 마실 온 햇살과 더불어
윤슬도 환호를 지르고

심부름 갔던 꼬맹이
한 손에는 담배갑
반대편에는 쭈쭈바
흔들며 뛰어든다

벽에서 부엉이가
부엉! 한다

골목 안이 요란해진다
고물 삽니다!

5월 낮달

술래는 바람
느티나무 잎사귀 피었습니다!
초록 목소리 펄럭인다
동구 밖 느티나무 숨바꼭질

술래가 다가오면 뒤뚱 시늉하면서
잎사귀들 서로 어깨 당겨서
꽃과 가지 숨긴다

햇살이 슬쩍 고자질하는 잎사귀 어깨 사이
꽃과 가지 그림자를 바람이 잡아채니
가지도 웃고, 꽃도 웃는다. 햇살도,

온통 초록 파도 출렁거리는 하늘
별 하나 뵈지 않으니
길 잃은 낮달

냇가 떠내려가는 하얀 고무신 조가비 한 짝
숨바꼭질, 내 유년

전 기 웅

· 대구 출생
· 시사랑밴드 회원
· 서정문학 시부문 신인상
· 한국서정작가협회 회원
· jun2324@nate.com

상사화 외 2편

사랑이 빠져나간
잎 진 자리마다 독이 익어가는 가을이다

바람이 불어올 때마다 붉은 융단을 깐 꽃잎들이
바람꽃을 일으켜 세운다

사무치도록 붉게 타오르는
계절이면
온몸을 뒤척이며 마중물로 피어나
이별의 발자국 위로 피를 토하는 꽃.

취할수록 더욱더 갈증만 심화되는 그리움은

그대
깎아지른 산 정상에 피어난 꽃이 되고
나는 밤마다 별이 되어
젖은 기억을 가슴으로 쓸어내지만

바람 속 솟대 하나 세우고 먼 듯 가까이서
타 들어가는 가을산은
끝내
눈시울이 붉어져

갈 곳 모르는 나를 불러 앉히고
부둥켜 안는다.

바람

바람이 분다
바람이 부는 것은 잠들지 말고
깨어 있으라는 것이다
모든 것들은 살아남기 위해 눈물겹다
들꽃들이 스러진 누런 풀잎에 기댄 채
부대끼며 엉키며
바람에 쏠려 흐트러진듯해 보이는 것도
꺾이지 않기 위한 몸부림이고
별과 별 사이에 여백을 남겨놓은 것도
시린 가슴 부여잡고 있더라도
서로에게 상처를 주지 않기 위한 하늘의 배려이다
삶이란
말없이 흐르는 강물과 같아서 하늘을 품고
산을 껴안아도 늘 외롭다
살다 보면
눈물을 비우는 날들이 어디 한두 번 인가
노을에 젖은 붉은 윤슬은 강물에 입술을 지우고
달빛은 치마를 벗는다
나무들도 가지를 비비며 마지막 남은 사랑까지
비울 때
바람은 우주를 잠들지 않게 흔들어 깨워

동면으로 인내한 꽃들을 개화시킨다
들녘에
흐드러지게 피어난 초록들의 화려한 색감 앞에
침묵은 허공에서 길을 잃고
바람은 풍경이 된다.

만추

나의 전생은 바다인가
붉게 타오르는 홍엽인가
석양이 햇살의 한 생애에 걸터앉는 시각
창가에 앉아 밀려드는 적막을 가두니
비가 되어 내린다
방 안까지 쏟아져 들어온 빗물은
익사한 세월을 부둥켜 안고
강물이 되어 바다로 흘러간다
직립으로 타오른 열정은 ,
화선지에 일필휘지로 써 내려 간 청춘이란
필묵은
채 마르지도 않았는데
날은 저물고
강줄기 따라 핏빛 그리움 꼿꼿이 세운 꽃들이
한 무더기 피었다 진다
고독과 상념의 풍경은 지나온 행간마다
자색으로 붉게 물들어 나뭇가지에
그리움처럼 매달리는데
가을은
은빛 머리를 풀어헤친 억새를 마구 흔든다

바다로 향하던 가슴에 단풍이 든다
또 다시 강물이 일렁거린다

청심

제 성 행

· 경남 거재 출생
· 민주문학 신인문학상
· 민주문인협회 정회원
· 민주문학 창간호, 겨울호
· 좋은문학 작가대상(시부문)
· 좋은문학 8문집
· 서정문학 운영위원
· jshang2419@daum.net

초가을 비 외 2편

안개속 물보라를 뿌리며
애잔한 첫사랑의 눈물같은 비
먼 어느날
그리움이 머무는 곳으로
떠나고 싶은 마음

우리가 사랑하는 동안
그 눈빛,
그 목소리,
그 몸짓, 그 느낌을
평생 함께 할 그리움

빗물에 더 청초한 나팔꽃
수줍은 색깔의 투명함이
내 가슴에 그리운 빛이 되어
하늘거리는 잎새마다
너의 눈망울 일렁인다

가을 밤

하얀 머그 잔
갈색 에스프레소

모락 모락
가슴으로 스며드는
그대의 향기

쌉쌀 달콤한
그대 입술에서 느꼈던
첫 키스의 기억

그대, 지금은
어느 하늘 아래에서

함께 헤아리던
저 별빛을 바라보며

한번쯤,
아주 가끔씩…
나를 생각할까?

찻잔속의 그대는
여전히 발그레 웃고 있는데

가을 밤
그리움도 깊어 간다

시월엔

시월엔
사랑을 해요

가녀린 코스모스
바람에 하늘 하늘
연분홍 향기가
숨 멎을 것 같은

시월엔
향기로운 사랑을 해요

자주색 억새꽃이
하얗게 그리움되어 날리는
높아만 가는
저 푸른 하늘처럼

시월엔
순결한 사랑을 해요

울긋 불긋
아름답게 물들어가는 산

우리 가슴에도
고운 빛깔로 채색하며

시월엔
아름답게 사랑을 물들여요

달처럼 환한 미소로
다정한 눈길 맞추며
까아만 밤 하늘
총총이 빛나는 별처럼

시월엔
달콤한 사랑을 속삭여요

동행

조 주 행

· 서울대대학원(교육학박사)
· 서울시교육연구원(연구사)
· 중화고등학교 교장
· 서울대, 서울시립대대학원(강사)
· 서울교육삼락회 이사
· 중등교장평생동지회 이사
· 서정문학 시부문 등단
· jjhang5@hanmail.net

빨간 채송화 외 2편

이슬 같은 너처럼
초롱초롱한 그 눈망울 생각나
보고픈 이야
지긋이 눈감고 부르면
금세라도 자위 틀어 첫눈을 뜬다

애기 같은 너처럼
앙증맞은 그 얼굴 생각나
그리운 이야
가슴으로 소리내어 부르면
방금이라도 깍지 벗고 고개를 들어 올린다

뽀송뽀송한 맨 얼굴로
살며시 미소 푸는
빨간색 채송화

정말 외로운 건

혼자라고 외로워하지 마라
혼자라서 외로운 게 아니다
외로운 건 혼자라서가 아니라
정말, 정말 외로운 건
함께 있어도 하나뿐인 그림자
과녁을 향해 날아가는 화살의
주저 없는 확신과
변함없는 진실이
오직 하나라는 그 사실이다

절실

나는 바람이고 싶어라
예고 없이 왔다가 자취도 없이 가버리는
산들바람이고 싶어라

맘 놓고 먼 산 그리며 옛 생각에 잠긴 날
녹두 깍지 비틀 듯 까불어 놓고
맘 댈 틈조차 남기지 않고 가버리는
돌바람이고 싶어라

차 영 미

· 방송대 미디어영상학과 졸업
· 편집디자이너
· 2009년 『서정문학』 시부문 신인상
· 2015년 『시와세계』 등단
· 서정문학 편집장
· 도서출판 서정문학 대표
· kd487@naver.com

김삿갓, 통굽 외 2편

처음이었다 김삿갓 문학제는, 뒷통굽이 떨어져 나갔다 갓, 도포, 지팡이를 짚고 '김삿갓 길 걷기' 를 기다리던 중인데 통 크게 7cm를 기대했는데 4cm가 사라지고 3cm가 뒤로 뒤뚱거린다

영월군 김삿갓면 와석리에는 파전에 막걸리는 있어도 편의점에 접착제가 없다 새마을 버스는 2시간에 한 번, 셔틀버스는 금방 떠나고 외진 벌판으로 후두둑 빗방울만 날린다

시장에 내려주었다 콜택시는 3만 5천원, 나는 굽이 없는 신발을 샀다 쏟아지는 10월의 비, 일행을 두고 온 읍내는 익숙한 듯 낯선 비가 자꾸만 내린다 머그잔을 붙들고 이층 창가에서 오지 않는 셔틀버스 2시간, 나는 자주 목이 마른다

축제가 추워진다 쏟아지는 천막아래 고인 빗물이 낮은 비명을 지르고 흩어지는 사람들 사이로 여류시인은 천만 원 상금을 받고 혼자 있을 반려견을 생각한다 젖은 김삿갓의 짚신을 바라보고 통굽을 버린 신발은 길 떠날 채비를 한다

흔들리는 하루

우리는 각자 비밀을 삼켰다 네가 싫어졌는데 이유를 말하면 더 미워질거야, 그러면 어쩌나, 변명을 버리고 답을 숨긴 책이 시들어 가고 있었다 동네 어르신이 감을 따다가 거꾸로 떨어져 돌아가셨다 고 어쩌나,

지진 문자가 들어오고 물음표가 두 번 흔들렸다 5.4의 지진이 덮친 포항은 어쩌나, 필로티 공법*이 위험하다고 SNS가 종일 달아올랐다 동네 신축 빌라는 1층이 다 주차장인데 어쩌나,

두꺼운 상상력사전 옆에 춤추는 죽음이 꽂혀 있었다 약속을 알리는 문자가 도착하고 추워서 어쩌나, 이른 겨울을 삼킨 밤이 어둑한 비밀을 흔들고 있었다

어쩌나, 어쩌나, 남편은 혀를 차고 들어왔다 비밀은 옅어져서 비밀을 사랑한 나를 잊어가는 건망증 같은 하루

* 필로티공법: 1층을 비워서 창고나 주차장으로 쓰는 공법

상상더하기

농담만 기억한다 수다에서 건져 올린 혓바닥이 발그레해진다 섹스에 대한 이야기를 편집하던 밤이었다 상상더하기 1을 하다가
'부부 사이가 나쁘면 파트너를 바꾸세요'

어제 처음 만나 오늘 헤어진다는 지하철 막차 커플사이로 귓바퀴가 옮겨다니고 내기에 이긴 남자의 소원을 듣지 못하고 도착역에서 내린다 여백을 손질하고

꿈을 꾸고 있다 한 눈금씩 자라는 상상이 불면을 갉아먹고 격자를 맞추는 사이 꿈에 만난 이상형은 즐겨찾기 하지 못했다 느슨해진 비밀은 찾을 수 없을 예정이다

천 성 옥

· 2016년 『시와세계』 등단

· 1000sungok@hanmail.net

로그인 외 2편

몸통 없는 구심력이
너의 문을 두드린다 열리고 싶지 않은

폴더에는 방이 아닌 선택의 메뉴가 있고 너는 너의 방을 거부하고 다른 폴더를 기웃거린다 나는 enter앞에서 손가락의 선택을 기다린다 안으로, 너의 밖을 기웃거린다 수 없는 in과 out을 저울질 하는 손가락이 많은데 enter를 눌러줄 손가락은 부족하다 물병처럼 시간이 비워지고 쌓이고 login은 홍천을 끌어오고 오션월드를 바비큐 파티를 불러 온다. 흐트러진 폴더가 삭제되어 춤추을 춘다 오염된 바이러스가 숨겨 놓은 비밀들을 쏟아낸다

7월의 마지막 여름이 사방으로 번식해 간다
로그인이 뿌리 내리고

포크포크
-나이프와 포크의 2중주-

아직 피가 흐르지 않았다. 스푼이 스프 스프하고, 포크는 샐러드와 포크포크 중이다. 음악은 햇살손을 잡고 바운스 바운스, 디스플레이 중이다 살얼음 같은 테이블, 눈빛 위에 날선 긴장을 깔아 놓는다. 전쟁은 좀처럼 멈추지 않았다. 전진과 후퇴, 포크와 대치중이다. 접시를 자르고, 허공은 칼날을 자르고, 칼날은 스테이크를 삼키고, 포크는 접시를 밀어내고. 소음은 포크를 잠재우지 않았다. 헝클어진 여백을 위해 접시는 비스듬히 쓰러지고 칼날이 소모되고 낡아지고, 접시 위에 흔적이 소복이 쌓이고,

김유정 역

낯선 손이 악수를 청해왔어. 책들의 누런 호흡과 묵은 종이 냄새가 매표소 좌우로 날고 책들의 속살에서 자음과 모음이 하늘로, 태양은 책갈피로 책장을 넘겼어 내가 사라지는 것이 싫어서 잉크가 펼쳐든 것은 김유정의 동백꽃이었어.

김유정, 전상국, 한수산이 일제히 손을 흔들고 햇살은 책갈피를 들고 캄캄한 책을 덮었어 나는 펼쳐졌던 페이지 속에 갇혀있었던 거야. 밑줄 친 붉은 자국이 폐병처럼 뭉쳐있었고 나는 김유정 역에 꽂힌 동백꽃을 뽑아들고 돌아왔지.

내 눈 속은 폐병처럼 실핏줄이 터지고

최 경 환

· 서정문학 시부문 신인상 수상
· 한국서정작가협회 회원
· 예원문학 회원
· 아남카라 문인회 회원
· 한국문인협회 회원
· 서정문학 운영위원
· 2016년 한국서정작가협회 본상 수상
· mtmmall@hanmail.net

흔들리자 외 2편

바람 지나간 자리에
꽃 피었다 무덤 지고
햇살 머물던 곳에
열매 익었다
씨앗으로 돌아간다
흐르는 시간의 흔적엔
노곤한 삶의 그림자 누웠다
등짝에 붙었던 벌건
까만 자국만 그림으로 남는다
누가 미워할 것인가
바람을
햇살을
어떻게 싫어할 것인가
삶의 질긴 동아줄을
초라해질 땐
흔들리자
슬픈 울림이 뿌리를
단단히 키울 것이다
갯바람에 씻긴
흙내음 구수하다

의식

시멘트 뿌연 안개속으로
따박 따박 걸어가는
낮달이
댕기 머리 아가씨 닮은
구름 뒤에서 한가롭고
철부지 아가야 교육중인
갈매기 그림자로 바다에
그림 그릴 때
아픈 심리 끌어안은 바위는
제 몸 던져 씻기움의
의식을 거행한다
죽음으로 다시 태어나는
물의 의식
가라앉은 바위는 기둥이
될 것이다 집이 될 것이다
부서지는 아픔은 참아내고
맞이하는 또 다른 삶

문신

나뭇잎은 봄부터
탈출을 꿈꾸며 살았다
바람이 몹시 불던
차가운 어느날
자유의 몸으로
땅바닥에 누워
하늘을 보면서 그는
알게 되었다
자기 몸 한 구석에
속박으로만 알았던
나무의 문신이
있음을

최규리

- 서울 예대 문예창작과 졸업
- 2016년 『시와세계』 등단
- 시와세계시학회 회원
- 동서문학회 회원
- sprit-104@hanmail.net

수련 외 2편

그곳에 간다
흔들리는 풀잎을 건너
거품이 차오른다 안개를 안고 간다 노래는
깨지는 아침 햇살처럼 왔다
수근거림을 듣는다 발이 빠져들고 가라앉는다
문으로부터 오래된 말들이
신발을 벗어놓고
나는 건너간다 스며들지 않는곳으로
쏟아지는 눈물, 구름을 건너
객석에서 여행자가 되어

사연은 떠다니기를 좋아했다
어느곳에도 속하지 않는 입구를 걸어
거울이 된
새벽별이 쏟아지고
느린걸음이 계속되었다

차오르던 표정이 물위에 눕는다

오이도

지하철을 타고 종점에서 종점으로, 오이도에는 연고지가 없었다 정거장을 놓칠까봐 겁나지 않았고 잠들지 않았다 나와 상관 없는 곳에서 조금씩 땅이 생겼다 바람이 들던 곳에 알이 깨어났다 까마귀 발톱에 긁혀 상처가 나면 갈대숲은 속삭인다 '바다로 걸어가' 오이도에는 걸어가지 못 할 곳이 없다

수십만년전 까마귀 귓가에서 섬이 되고 싶었다 '섬으로 걸어가' 내 이름은 잊어도 좋았다 누군가를 기다리지 않아도 되었다 흙이 쏟아졌고, 아버지는 퇴직하셨고, 파도는 멀어진다 아버지는 별안간 이사를 간다고 종착역을 향해 달려간다 곧 오이도에 기다릴 사람이 생길 것 같다

택시

안개는 취객을 걷어가려 했고
아스팔트는 멈추지 않았다

가끔 노트위를 달리다가
그런 날은 날개에 달을 걸어놓고

투명해지는 것 사이, 멀어지는 것과
길은 나란히 달려가기를 원했다

핸들에서 옆집 사람이 흘러내린다
트렁크는 그의 메시지를
깨물었다

바퀴자국이 지워질까봐
어디론가 달려야해요
다른말은 배우기 싫어요

누군가는 창문을 내리고
구토를 하고
길이 토막나 절벽같은 목적지가

밤이 새도록 손을 흔들고,

최 주 식

· 시인, 문학평론가
· 한국문인협회 회원
· 한국현대시인협회 회원
· 국제펜클럽 한국본부 회원
· 창작산맥 편집위원
· 김우종문학상 자문위원
· 서정문학 시부문 심사위원
· 서정문학 운영위원
· kbkjyoung@hanmail.net

신문 사회면을 보다가 외 2편

부정부패, 탈법, 욕설, 위조, 뇌물
살인, 자살, 폭력, 집단 이기주의
추풍낙엽처럼 떨어지는 고관대작들
인간 아닌 만상萬象의 얼굴들

이래저래 이 달이 지나면
새해가 다가오건만
읽으면 읽을수록
울鬱이 쌓이고
화火가 쌓이는
이 망할 놈의 사회

언제쯤 아름다운 인생이 무너지는 활자活字를
따뜻한 언어로 바꿀 수 있을까
언제쯤 신神의 판결이 내려진
반가운 사회면을 볼 것인가
소주 한 병 꿰차고
눈 내리는 하늘을 향해
맨주먹만 휘두른다

자원봉사 1

지난 달엔 밥을 푸고
지난 주엔 설거지를 하고
오늘은 식탁을 닦는다

쉽지만 어렵기도 하고
어렵지만 쉽기도 한 자원봉사
어떤 사람은 설거지를 하고
식탁을 닦는 일도
봉사냐고 비꼬기도 하지만
내게는 알차고 소중한 일
내 가족을 챙기는 마음으로 손길 나눈다

나이들면 누구나 늙으니
어르신 위함은 당연한 일
내 부족한 힘이
어르신 힘들 때 기대어 쉴
버팀목이 된다는 건
무엇보다 기쁜 일
오늘 만나 뵌 어르신
주름 활짝 펴시고
늘 건강하시기를 기도한다.

자원봉사 2

자원봉사를 하다보면
자원봉사는 왜 하느냐
이런 질문을 받을 때가 있습니다
나는 그럴때면 자원봉사는
이웃과 더불어 행복해지는 것
너와 내가 하나가 되는 것
따뜻한 가슴으로 따뜻한 일을 하는 것이라 대답합니다

자원봉사를 하다보면
자원봉사는 어떤 사람들이 하느냐
이런 질문을 받을 때가 있습니다
나는 그럴때면 자원봉사는
특별한 사람이 하는 게 아니라
이웃을 배려하며
이웃을 보듬어 줄 사랑의 마음만 있다면
가진 것 없어도
명예나 권력이 없어도
남녀노소 가리지 않고
누구나 할 수 있다고 대답합니다

한 희 정

· 한양대학교 도시대학원수료
(도시공학박사)
· 한국문인협회 회원
· 『2014, 민속 식물박람회』 제3회
자연사랑 시화경진대회 금상 수상
· 시집: 『몽당붓 향기』 창조문학사(2012)
· 서정문학 운영위원
· bochong@hanmail.net

감춰진 질문

내가 질문을 버렸더라면
감탕나무는 거치를 내밀지 않았을 것이다
소리가 소리를 가두지 못했음으로
아궁이로 버려진 말들이
굴뚝 연기로 피어올라 붉은 혀로 자란다
편견에 누운 그림자가
아비의 얇은 지갑을 뜯어 먹는다
시선을 받아본 적이 없는
시선을 한 번도 받아본 적이 없는 쥐똥나무는
푸른 귀를 버린다
버린 귀가 궁금한 나는
바람이 밟고 간 달팽이관을 들어 올린다
나를 가둔 이명
한 점으로 사라지다가
이슬로 태어나 어둠을 뚫는 저 우주
그 속에
나를 이끄는 독락獨樂이 있다
혼자라서 기쁜
기뻐서 홀로된 은일의 무순이다
생각이 생각을 찌르는
나뭇잎에서 갈겨니 지느러미가 자란다

그루터기

가깝고 먼 사유의 깊이다
백두대간의 한 그늘에서
쇠딱따구리가
백양나무 심장을 도려내고 있다
관절을 어루만지는 시간
부름켜가 살 돋움을 끝낸다
정오의 시계가
딸의 지아비를 출산한다
둘은 하나가 된다
아비의 햇살을 꺾어 먹은 신부가
오동나무 숲에서 걸어 나와
잣나무를 따라간다
준비된 환영이다
나무의 지문은 모두가 달랐다
등이 휜 고목이
아린 가슴을 노을로 움켜쥔다
해가 달을 품기 이전부터 싹이 튼
그리움은 뿌리다
에버라인 열차가 왔다
나는 돌아갈 안부를 묻고 이별을 한다

굴레

나방의 꽁무니에서 한 우주가 떨어진다
낙엽이 진다
무거운 것들은 떠난다
덜어낼수록 환해지는 발걸음에
댓잎 소리 구른다
공기주머니를 가진 새들은
먹이를 계곡에 흘려보낸다
다람쥐가 숲에 상수리나무를 심는다
높은 사다리로 오르기 위해
푸성귀들은 망치질한다
고개를 들고 네 번 잠을 잔 누에가
비단 실을 풀어낸다
어둠의 집이다
나는 도시의 블랙홀로 빠져든다
추위가 나이테를 연마하고
나뭇잎이 기공을 연다
무극의 광합성이다
산 메아리가
지구의 허파를 들어 올린다

현 경 희

· 2011년 서정문학 시부문 등단
· 한국서정작가협회 회원,
· 2012년 제주작가 신인상 수상
(진달래꽃)
· 제주송악도서관 어머니 독서회 회원
· 시집 : 『고등어』(서정문학, 2012년)
『서울여자』(서정문학, 2017년)
· sarang3163@hanmail.net

모슬포와 바람 외 2편

바람이 길을 잃어 머문 마을, 모슬포
강풍이 부는날엔 구석구석 헤집어
방파제 틈마다 우엉우엉 옛 이야기 쌓이는 곳

구름도 피해가는 이 사연 저 사연에
산 바람, 들 바람, 돌 바람
울다 울다
다시 울다 잠들면
포구에 마주 선 등대가
아픈 바람을 토닥이는 곳

갯바위 틈 부서진 하얀 포말은
밀당에 시간 가는 줄 모르고
잠들었던 바람이
울음을 삼켜
바람코지 만드는 곳

된바람에 돛 꺾이고
마파람에 검은 흙 날려도
사람들 가슴 가슴마다
하늬바람이 가득한 곳
모슬포

평화로 버스

배가 물이아닌 뭍으로 올라왔다
발밑 흔들림은 엔진소리에 맞춰
드렁드렁거리고
노쇠한 몸은 통통 소리내며 평화로 길따라
넘실댄다
좌우로 헤엄쳐 지나가는 푸른 고래들은
눈을 마주 치기도 전에 스쳐가고
뱃전에 떨어지는 빗물을 긴 더듬이 두개가
시간맞춰 닦아낸다

고속정 엔진소리에 귀는 멍해지고
손을 맞잡은 연인들 소곤거림은
들릴듯 말듯
멀미에 잠든 아저씨
코고는 소리는
닐니리 전화벨소리에 묻히고
표정변화 없던 선장아저씨
가끔씩 벙긋거리는입엔
요즘 잘나가는 트로트가 붙는다
엄지척, 엄지척척

150번 등판을 단 우리배는
종점을 향해가는데
가끔씩 참지못하겠는지
피시식하고 지친 한숨을 내쉰다
어여가자
저 산방산 너머 푸른바다 보이는 곳에
내님 오매불망 기다리고 있단다
가서 제대로 안겨보자꾸나

독한 할망(독한 할머니)과 오줌싸개

엄마 어린 시절 얘기 하나 해줄까?
우리 집 옆에는 무섭기로 소문난 독한 할망이 살았었지
주름진 얼굴이 꼭 호랑이 같았던
그래서인지 성질도 호랑이처럼 사나웠지
동네 애들도 그 집 앞을 지날 때면 살금살금 절로 까치발이 생겼지
우리 엄마 늘 하는 말
이불에 오줌 싸면 독한 할망 집 보내버린다
하루걸러 새 세계지도를 만들던 시절
그 말은 무시무시한 마법주문이 되어
자기 전 목마름을 견디게 했지
하루, 이틀 내 오줌보가 제 역할을 다하나 싶었는데
삼일 째 되던 날
곱게 새로 깐 이불위에 대형 우주지도 하나가 그려지고 말았어
바가지 하나를 쥐어주며
독한 할망 집 가면 소금을 줄 것이다
가서 얻어오너라
웬일인지 온화한 엄마 목소리에 역시 엄마는 날 사랑해
독한 할망 집에 보낸다는 건 장난말이었던 거야
발걸음 가볍게 얼굴 활짝 펴고
'할머니~ 독한 할머니~
엄마가 소금 좀 얻어 오래요'

'오 그래~ 알았다 좀만 기다려라~'
부엌에서 나오는 독혼 할머니 손에 가득담긴 새하얀 소금
근데 얼굴에서 뿜어져 나오는 기운이
꼭 성난 호랑이 같아서 자꾸 뒷걸음 쳐지는 거야
본능적으로 도망가야 될 것 같았어, 그래야 살 수 있을 것 같았거든
소금을 포기하고 돌아서려는 순간
새하얗고 각진 알갱이들이 내 얼굴로 날아들었어
온 몸으로 달려들며 따갑게 내리치는 그것들은
녹지도 않더라 생긴 건 꼭 싸락눈 같은데.
도망치는 내게 독혼 할망 쫓아오며 하는 말
'다시 또 이불에 오줌 싸면 독혼 할망 집에서 살아야 된다
또 싸라 또 싸면 내 손녀
그리되면 너무 좋겠네'
그 덕인지 두 번 다시
지도를 그리는 일이 없어졌지
그 후로 얼마 없어 독혼 할망이 돌아가셨다는 말이 들렸어
그 밤 꿈에 끝도 없이 하얀 소금밭을 걷는
독혼 할망 곁에서 바가지를 쓰고 어쩔 줄 몰라 하던 내가
소금밭 사이 새로이 지도 하나를 그린 것 같다

지금도 길가 모드락 피어난 조팝꽃을 보면,
바람이 모아놓은 싸락눈을 보면,
옆집 독혼 할망과 늦도록 오줌을 못 가리던 소녀의
소금 밀당이 생각나 오싹해 진단다

황 려 시

· 2015년 시와세계 등단

· 현) 약국 운영

· 시집: 『사랑 참 몹쓸 짓이야』

『여백의 시』

· nurungi3000@gmail.com

지금은 통화 중 외 2편

안동에 사는 유씨 종손 떠난 사람의 정장이 벽지를 긁는다
못보다 빈방은 더 뾰족해

손가락에 철없이 걸려온 ?표 다섯 개, 금란세탁소는
빼꼼히 빈 방에게 묻는다
서로가 주인이었지?

아직 유효한지 대답하라
나팔 닮은 나팔관 소리처럼
아기집만 빌려주렴 '몰라'

끄적끄적 버릇은 여전하지명도가 진할수록 통화가 길었다는

수족관의 앳된 고기는 성과 이름을 감출 수 있을까
?표는 고개 숙이는 법을 알까
정답이 없는지 답만 무성하고
뚜 뚜 날씨는 바람과 통화 중이고

벽 참 희다

4박 5일

뒤주를 책상으로 쓰는 집이 있다

마늘밭과 해송방풍림을 지나 지도에서 생략된
바다는 사투리를 벗기고 반찬은 더 짜다
높낮이가 다른 의자와
페이지를 자꾸 넘기는 파도,
쥔 할아버지의 배려는 거기까지다
저녁에 동치미를 주는 거 말고
닭이 문턱에 똥을 싸도 내버려둔다
준비해온 물티슈는 이틀이 못 갈 거 같다

두꺼운 책으로 의자 키를 세우고 밀물과 썰물로 창틀을 바꾼다
잠시 귀농을 생각했는데 닭은,
비 맞고 들어와 겨드랑이에 메주를 삶고
저녁 바람은 뒷마당 에서 해풍 든 할머니의 감초 냄새를 즐긴다
약탕기가 숯 멀미를 한다
잠에만 머물다 낮을 그만 봐버린 할머니는 보지 못하고 돌아왔다

끝 단추가 하루를 더 채운

나흘 밤과 닷새의 기록

비 듣다

그 끝은 비가 아니다 한소끔의 에너지다

소인국 병사들이 무기를 둘러맨 채 경사를 내딛고 수직임을 모르는 거 같다

겉늙은 시인은 구름에 업혀 투구를 쓴 채 창으로 군가를 부른다 발신인 없는 택배가 옥탑 양철지붕을 두드리고

線이 뭉개지고 아우성이 물을 먹는다 옥타비오 빠스가 다녀가고 죽은 카라얀의 지휘봉이 바닥으로 튄다 '왜 시는 저렇게 똑 부러지지 못할까'

죄다 팔아 귀를 사서 천정에 붙인 후 비 듣고 받아쓴다

빈 수레의 구름은
또 詩 지으러 간다